(社) 한국어문회 주관 / 교육급수

'섞음漢字'를 이용한 특수 암기법!

이 한권의 책으로 합격이 충만!!

배정漢字를 끝냈어도 암기가 제대로 되는것은 아닙니다.
다시 섞인 상태에서 가끔 읽어보고 모르는 글자만 쏙쏙 뽑아서 훈음표 번호를 대조하여 외워 버리니 재미가 절로나고 완벽하게 암기가 됨으로써 문제도 매우 잘 풀립니다.

한국어문회 시행

한자능력검정시험 7Ⅱ

每	右	教	工	安	年	木
94			12	19		34
江	右	教	工	安	活	
3	65	7	5	60	98	
話	月	車	孝	生	上	
97	66	4	99	47	46	
不	子	道	動	七	四	
41	71	23	25	86	42	
韓	萬	空	時	一		
93	29	6	55	69		
外	軍					
64	11					
北						
40						

기본서 + 문제집

◆ 부수 쓰기 6P
◆ 배정 漢字 쓰기 10P
◆ 섞음漢字 6P
◆ 각 유형별 문제집 6P
◆ 예상 문제집 9회
◆ 기출 문제집 9회

'섞음漢字' 특허 : 제10-0636034호

백상빈 · 김금초 엮음

머리말

우리나라 말(한국어) 어휘의 70% 정도가 한자어로 구성되어 있는 현실에서 한글전용만으로는 상호간의 의사소통이 모호할뿐만 아니라 학생들의 학습능력을 감소시킴으로써 국민의 국어능력을 전면적으로 저하시키는 결과가 과거 30여년간의 한글 전용 교육에서 명백히 드러났슴을 우리는 보아왔습니다.

이는 우리 선조들이 약 2000년전에 중국의 한자와 대륙문화를 받아들이고 중국사람들과 많이 교통하면서 한자로 이루어진 어휘를 많이 빌려쓰게 되었으며 그후 계속해서 오늘날에 이르기까지 계속 한자어를 사용해 오던것을 갑자기 이런 큰 틀을 뒤엎고 한글전용만을 주장한다면 우리말을 이해하고 표현하는데 큰 어려움이 따르기 때문입니다.

우리는 이제 한글과 한자를 혼용함으로써 우리말 어휘력 향상에 공헌하고 한국어를 제대로 이해해야 할것입니다.

다행히도 1990년대에 들어서 한국어문회 산하인 한국한자능력검정회에서 각 급수별 자격시험을 실시하여 수험생들에게 국어의 이해력과 어휘력 향상을 크게 높여 오고 있는것은 매우 고무적이고 다행스런 일이라 하겠습니다.

때에 맞춰 한자학습에 대한 이런 관심이 사회 각계에서 반영되고 있는데 한자능력에 따라 인사, 승진 등 인사고과의 혜택과 대학 수시모집 및 특기자 전형에서 그 실례를 찾을수 있습니다.

이에 따라 본 학습서가 전국한자능력시험을 준비하는 학생들에게 훌륭한 길잡이가 되어 최선의 학습방법으로 합격의 기쁨을 누리기 바랍니다.

편저자 씀

차　례

사단법인 한국어문회 한자능력검정시험 출제기준

급수별 합격기준

구 분	특급	특급II	1급	2급	3급	3급II	4급	4급II	5급	5급II	6급	6급II	7급	7급II	8급
출제문항수	200	200	200	150	150	150	100	100	100	100	90	80	70	60	50
합격문항수	160	160	160	105	105	105	70	70	70	70	63	56	49	42	35
시험시간	100	90	90	60	60	60	50	50	50	50	50	50	50	50	50

급수별 출제유형

문제유형	특급	특급II	1급	2급	3급	3급II	4급	4급II	5급	5급II	6급	6급II	7급	7급II	8급
읽기배정한자	5,978	4,918	3,500	2,350	1,817	1,500	1,000	750	500	400	300	300	150	100	50
쓰기배정한자	3,500	2,355	2,005	1,817	1,000	750	500	400	300	225	150	50	0	0	0
독 음	50	50	50	45	45	45	30	35	35	35	33	32	32	22	25
훈 음	32	32	32	27	27	27	22	22	24	23	23	30	30	30	25
장 단 음	10	10	10	5	5	5	5	0	0	0	0	0	0	0	0
반 의 어	10	10	10	10	10	10	3	3	4	3	4	3	3	2	0
완 성 형	15	15	15	10	10	10	5	5	5	4	4	3	3	2	0
부 수	10	10	10	5	5	5	3	3	0	0	0	0	0	0	0
동 의 어	10	10	10	5	5	5	3	3	3	3	2	0	0	0	0
동음이의어	10	10	10	5	5	5	3	3	3	3	2	0	0	0	0
뜻 풀 이	10	10	10	5	5	5	3	3	3	3	2	2	2	2	0
필 순	0	0	0	0	0	0	0	0	3	3	3	3	2	2	2
약 자	3	3	3	3	3	3	3	3	3	3	0	0	0	0	0
한자쓰기	40	40	40	30	30	30	20	20	20	20	20	10	0	0	0

대학 수시모집 및 특별전형에 반영

대 학	학 과
경북대학교	특기자특별전형(한자/한문 분야)
경상대학교	특기자특별전형 - 본회 2급 이상
경성대학교	외국어 우수자 선발(한문학과) - 본회 3급 이상
공주대학교	특기자특별전형(한자/한문 분야) - 본회 3급 이상
계명대학교	대학독자적 기준에 의한 특별전형(학교장 또는 교사 추천자) - 한문교육
국민대학교	특기자특별전형(중어중문학과) - 본회 1급 이상
단국대학교	특기자특별전형(한문 분야)
동아대학교	특기자특별전형(국어/한문 분야) - 본회 3급 이상
동의대학교	특기자특별전형(어학 특기자) - 본회 1급 이상
대구대학교	특기자특별전형(한자우수자) - 본회 3급 이상
명지대학교	특기자특별전형(어학분야) - 본회 2급 이상
부산외국어대학교	대학독자적 기준에 의한 특별전형(외국어능력우수자) - 본회 3급 이상
성균관대학교	특기자전형 : 인문과학계열(유학동양학부) - 본회 2급 이상
아주대학교	특기자특별전형(문학 및 한문 분야)
영남대학교	특기자특별전형(어학) - 본회 2급 이상
원광대학교	특기자특별전형(한문 분야)
중앙대학교	특기자특별전형(국제화특기분야) - 본회 2급 이상
충남대학교	특기자특별전형(문학·어학분야) - 본회 3급 이상

기업체 입사 · 승진 · 인사고과 반영

구 분	내 용	비 고
육 군	부사관 5급 이상 / 위관장교 4급 이상 / 영관장교 3급 이상	인사고과
조 선 일 보	기자채용시 3급 이상 우대	입 사
삼성그룹외	중요기업체들 입사시 한문 비중있게 출제 3급 이상 가산점	입 사

한자능력검정 시험안내

한자능력시험(http://www.hanja.re.kr) 〉 기출문제 출력가능
(※ 네이버에 한글로 "한국어문회" 쓰고 클릭)

▶ **주 관** : (사)한국어문회(☎ 02-6003-1400), (☎ 1566-1400)

▶ **시험일시** : 연 4회
- 교육급수 : 2, 4, 8, 11월 오전 11시
- 공인급수 : 2, 4, 8, 11월 오후 3시

※ 공인급수, 교육급수 분리시행

공인급수는 특급·특급Ⅱ·1급·2급·3급·3급Ⅱ이며, 교육급수는 4급·4급Ⅱ·5급·6급·6급Ⅱ·7급·8급입니다.

▶ **접수방법**

1. 방문접수
- 접수급수 : 특급 ~ 8급
- 접 수 처 : 각 시·도 지정 접수처 ※ (02)6003-1400, 1566-1400, 또는 인터넷(네이버에 "한국어문회" 치고 들어가서 다시 "한자검정" 클릭
- 접수방법 : 먼저 스스로에게 맞는 급수를 정한 후, 반명함판사진(3×4㎝) 3매, 급수증 수령주조, 주민등록번호, 한자이름을 메모해서 해당접수처로 가서 급수에 해당하는 응시료를 현금으로 납부한 후 원서를 작성하여 접수처에 제출하면 됩니다.

2. 인터넷접수
- 접수급수 : 특급 ~ 8급
- 접 수 처 : www.hangum.re.kr
- 접수방법 : 인터넷 접수처 게시

3. 우편접수
- 접수급수 : 특급, 특급Ⅱ
- 접 수 처 : 한국한자능력검정회(서울특별시 서초구 서초1동 1627－1 교대벤처타워 401호)
- 접수방법 : 해당 회차 인터넷 또는 청구접수기간내 발송한 우편물에 한하여 접수가능(접수마감일 소인 유효)

▶ **검 정 료**

급수/검정료	특 급	특급Ⅱ	1 급	2급~3급Ⅱ	4 급	4급Ⅱ	5 급	6 급	6급Ⅱ~8급
	40,000	40,000	40,000	20,000	15,000				15,000

※ 인터넷으로 접수하실 경우 위 검정료에 접수수수료가 추가됩니다.

▶ **접수시 준비물**

반명함판사진 3매 / 응시료(현금) / 이름(한글·한자) / 주민등록번호 / 급수증 수령주소

▶ **응시자격** :
- 제한없음, 능력에 맞게 급수를 선택하여 응시하면 됩니다.
- 1급은 서울, 부산, 대구, 광주, 대전, 전주, 청주, 제주에서만 실시하고, 특급과 특급Ⅱ는 서울에서만 실시합니다.

▶ **합격자발표** : 인터넷접수 사이트(www.hangum.re.kr) 및 ARS(060-800-1100), 1566-1400

漢字의 畫數(획수)와 筆順(필순)

畫數(획수)

글씨를 쓸때 펜을 데었다가 자연스럽게 펜이 떨어질때까지를 일획(一畫)으로 여긴다.

예  弓   

筆順(필순)

(1) 대체로 위에서 아래로 (2) 왼쪽에서 오른쪽으로
(3) 가로에서 세로로 쓰는 3대 원칙이 기본적으로 적용된다.

(1) 위에서 아래로 씀 : 예 王(一 丅 干 王), 合(丿 人 亼 仒 合 合), 元(一 二 テ 元)

(2) 왼쪽에서 오른쪽으로 씀 : 예 川(丿 川 川), 林(一 十 才 木 木 村 材 林)

(3) 가로획을 먼저씀 : 예 下(一 丅 下), 木(一 十 才 木)

(4) 가운데를 먼저씀 : 예 小(亅 小 小), 出(丨 屮 屮 出 出)

(5) 바깥을 먼저 쓰는 경우 : 예 岡(丨 冂 冂 冈 冈 岡 岡), 同(丨 冂 冂 同 同 同)

(6) 꿰뚫는 획은 나중에 씀 : 예 事(一 ㄷ ㅌ ㅌ 耳 亘 亖 事), 中(丨 口 口 中), 女(く 女 女)

(7) 오른쪽위에 있는 점은 나중에 씀 : 예 戈(一 弋 戈 戈), 犬(一 ナ 大 犬)

(8) 받침이 있을 경우 나중에 씀 : 예 道(丷 䒑 首 首 首 道 道), 建(ㄱ ㅋ ㅋ ㅋ 글 聿 律 建 建)

※ 필순에서 예외인 경우도 있다.

부수(部首) 정리 (64字)

♣ 8급 해당부수 40字 ♣

※ 부수(部首)는 총 214字이지만 7급Ⅱ에 해당부수는 8급 40字와 7급Ⅱ 24字를 합해 64字 정도입니다.

부수	필순	훈음	부수	필순	훈음	부수	필순	훈음
(1획) 一	一	한 일	八	ノ 八	여덟 팔	大	一ナ大	큰 대
丨	丨	뚫을 곤	匕	ㄴ 匕	비수 비	女	く女女	계집 녀
乙	乙	새 을	十	一 十	열 십	子	７了子	아들 자
(2획) 二	一 二	두 이	(3획) 口	丨冂口	큰입구몸/에울 위	寸	一寸寸	마디 촌
人	ノ 人	사람 인	土	一十土	흙 토	小	亅小小	작을 소
儿	ノ 儿	어진사람 인	夕	ノク夕	저녁 석	山	丨山山	메 산

획수	한자	훈음
	干	방패 간
	弓	활 궁
4획	攵	글월문 방
	日	날 일
	月	달 월
	木	나무 목
	毋	말 무
	氏	성씨 씨
	水	물 수
	氵	삼수변
	火	불 화
	父	아비 부
	王	구슬옥변/임금왕
	艹	초두머리
	艹	초두머리
5획	生	날 생
	白	흰 백
6획	襾	덮을 아
7획	車	수레거(차)
8획	金	쇠 금
	長	긴장/어른장
	門	문 문
	靑	푸를 청
9획	韋	가죽 위

♣ 7급Ⅱ 해당부수 24字 ♣

부수	필순 / 훈음	따라 쓰기
(2획) 入	丿入 들 입	入
力	㇆力 힘 력	力
(3획) 口	丨冂口 입 구	口
宀	丶丷宀 집면/갓머리	宀
彳	丿彡彳 두인변	彳
工	一丅工 장인 공	工
巾	丨冂巾 수건 건	巾

4획

한자	훈음	따라 쓰기
手	손 수	手
扌	재방 변	扌
方	모 방	方
止	그칠 지	止
毋	말 무	毋
气	기운 기	气
牛	소 우	牛
牜	소우변	牜

획수	한자	필순 / 훈음	따라쓰기
5획	田	丨冂冃田田	田
		밭 전	
	目	冂冃月目	目
		눈 목	
	立	亠亡亣立	立
		설 립	
6획	竹	丿𠂉午竹	竹
		대 죽	
	⺮	𠂉⺮	⺮
		대죽머리	
	自	丿白自自	自
		스스로 자	
7획	足	口早⻊足	足
		발 족	
	⻊	口早⻊	⻊
		발족 변	

한자	필순 / 훈음	따라 쓰기
言	亠 亖 言 言	言
	말씀 언	
辰	一 厂 戶 尼 辰 辰	辰
	별 진	
辵	彡 彡 乑 辵 辵	辵
	쉬엄쉬엄갈착	
辶	丶 ㇇ 辶 辶	辶
	책받침	
雨 (8획)	一 冂 雨 雨	雨
	비 우	
食	人 今 今 食 食 食	食
	밥 식	

7급Ⅱ 배정한자 (100字)

※ 7급Ⅱ에 배정漢字는 8급 배정漢字 50字에다 50字를 더해서 100字입니다.

8급 배정한자 50字

漢字	훈음	부수/획수	쓰기		
敎	가르칠 교	등글월문[攵(攴)]부/총11획	敎		
校	학교 교	나무 목 [木]부/총10획	校		
九	아홉 구	새 을 [乙]부/총2획	九		
國	나라 국	큰입구몸 [口]부/총11획	國		
軍	군사 군	수레 거 [車]부/총9획	軍		
金	쇠 금/성 김	쇠 금 [金]부/총8획	金		
南	남녘 남	열 십 [十]부/총9획	南		

漢字	훈음	부수/획수	쓰기		
女	계집 녀	계집 녀 [女]부/총3획	女		
年	해 년	방패 간 [干]부/총6획	年		
大	큰 대	큰 대 [大]부/총3획	大		
東	동녘 동	나무 목 [木]부/총8획	東		
六	여섯 륙	여덟 팔 [八]부/총4획	六		
萬	일만 만	초두머리 [艹(艸)]부/총13획	萬		
母	어미 모	말 무 [毋]부/총5획	母		

한자	훈음	부수/획수	필순	쓰기		
木	나무 목	나무 목 [木]부/총4획	一十才木	木		
門	문 문	문 문 [門]부/총8획	丨𠃍𠃍戶門門門門	門		
民	백성 민	각시 씨 [氏]부/총5획	㇇コ𠃍巳民	民		
白	흰 백	흰 백 [白]부/총5획	ノイ白白白	白		
父	아비 부	아비 부 [父]부/총4획	ノハク父	父		
北	북녘 북	비수 비 [匕]부/총5획	丨十ㅕ北北	北		
四	넉 사	큰입구몸 [口]부/총5획	丨冂冂四四	四		
山	메 산	메 산 [山]부/총3획	丨山山	山		
三	석 삼	한 일 [一]부/총3획	一二三	三		

한자	훈음	부수/획수	필순	쓰기		
生	날 생	날 생 [生]부/총5획	ノ𠂉仁牛生	生		
西	서녘 서	덮을 아 [襾]부/총6획	一丅万丙襾西	西		
先	먼저 선	어진사람인발 [儿]부/총6획	ノ𠂉⺧生先先	先		
小	작을 소	작을 소 [小]부/총3획	亅小小	小		
水	물 수	물 수 [水]부/총4획	亅才水水	水		
室	집 실	갓머리 [宀]부/총9획	丶丶宀宀宀宏宏室室	室		
十	열 십	열 십 [十]부/총2획	一十	十		
五	다섯 오	두 이 [二]부/총4획	一丆万五	五		
王	임금 왕	구슬 옥 [王(玉)]부/총4획	一丅干王	王		

한자	훈음	부수/총획	필순	쓰기
外	바깥 외	저녁 석 [夕]부/총5획	ノクタ外外	外		
月	달 월	달 월 [月]부/총4획	ノ刀月月	月		
二	두 이	두 이 [二]부/총2획	一二	二		
人	사람 인	사람 인 [人]부/총2획	ノ人	人		
一	한 일	한 일 [一]부/총1획	一	一		
日	날 일	날 일 [日]부/총4획	丨刀月日	日		
長	긴 장	긴 장 [長]부/총8획	丨ГFE트톤長長	長		
弟	아우 제	활 궁 [弓]부/총7획	丶丷当弟弟	弟		
中	가운데 중	뚫을 곤 [丨]부/총4획	丨口口中	中		

한자	훈음	부수/총획	필순	쓰기
青	푸를 청	푸를 청 [青]부/총8획	一十キ主青青	青		
寸	마디 촌	마디 촌 [寸]부/총3획	一寸寸	寸		
七	일곱 칠	한 일 [一]부/총2획	一七	七		
土	흙 토	흙 토 [土]부/총3획	一十土	土		
八	여덟 팔	여덟 팔 [八]부/총2획	ノ八	八		
學	배울 학	아들 자 [子]부/총16획	學學	學		
韓	한국/나라 한	가죽 위 [韋]부/총17획	韓韓	韓		
兄	형 형	어진사람인발 [儿]부/총5획	丨口尸兄	兄		
火	불 화	불 화 [火]부/총4획	丶丷火	火		

7급Ⅱ 배정한자 50字

한자	훈음	부수/획수	필순	쓰기
家	집 가	갓머리 [宀]부/총10획	丶 ⺌ 宀 宀 宁 宇 家 家 家 家	家
間	사이 간	문 문 [門]부/총12획	丨 冂 門 門 門 門 門 門 門 間 間 間	間
江	강 강	삼수변 [氵(水)]부/총6획	丶 冫 氵 汀 汀 江	江
車	수레 거(차)	수레 거 [車]부/총7획	一 厂 戸 百 百 亘 車	車
工	장인 공	장인 공 [工]부/총3획	一 丅 工	工
空	빌 공	굴 혈 [穴]부/총8획	丶 ⺌ 宀 穴 穴 空 空 空	空
記	기록할 기	말씀 언 [言]부/총10획	丶 亠 言 言 言 言 言 訂 記 記	記
氣	기운 기	기운기엄 [气]부/총10획	丿 𠂉 气 气 氕 氣 氣 氣 氣 氣	氣

한자	훈음	부수/총획	쓰기
男	사내 남	밭 전 [田]부/총7획	男
內	안 내	들 입 [入]부/총4획	內
農	농사 농	별 진 [辰]부/총13획	農
答	대답 답	대죽머리 [竹]부/총12획	答
道	길 도	책받침 [⻍(辵)]부/총13획	道
動	움직일 동	힘 력 [力]부/총11획	動
力	힘 력	힘 력 [力]부/총2획	力
立	설 립	설 립 [立]부/총5획	立
每	매양 매	말 무 [毋]부/총7획	每

한자	훈음	부수/획수	필순
名	이름 명	입 구[口]부/총6획	ノクタタ名名
物	물건 물	소 우 [牛]부/총8획	ノ𠂉牛牛牞物物物
方	모 방	모 방 [方]부/총4획	丶亠方方
不	아닐 불	한 일 [一]부/총4획	一フ不不
事	일 사	갈고리 궐 [亅]부/총8획	一厂冖冖弖弖弖事
上	윗 상	한 일 [一]부/총3획	丨卜上
姓	성 성	계집 녀 [女]부/총8획	𡿨女女女女姓姓姓
世	인간 세	한 일 [一]부/총5획	一十廿廿世
手	손 수	손 수 [手]부/총4획	一二三手

한자	훈음	부수/총획	필순
時	때 시	날 일 [日]부/총10획	丨 冂 日 日 日一 日十 旪 旪 時 時
市	저자 시	수건 건 [巾]부/총5획	丶 亠 亡 市 市
食	밥 식	밥 식 [食]부/총9획	丿 人 今 今 今 今 食 食 食
安	편안 안	갓머리 [宀]부/총6획	丶 丷 宀 安 安 安
午	낮 오	열 십 [十]부/총4획	丿 𠂉 二 午
右	오를/오른(쪽) 우	입 구 [口]부/총5획	丿 ナ 右 右
子	아들 자	아들 자 [子]부/총3획	了 子
自	스스로 자	스스로 자 [自]부/총6획	丿 亻 白 自 自 自
場	마당 장	흙 토 [土]부/총12획	一 十 土 坦 坦 坦 坦 場 場 場

한자	훈음	부수/획수	필순	쓰기										
全	온전 전	들 입 [入]부/총6획	人亼仒仝全全	全										
前	앞 전	선칼도방 [刂(刀)]부/총9획	丷䒑产肖肖前前	前										
電	번개 전	비 우 [雨]부/총13획	一广戸币币雨雨雨霄霄電	電										
正	바를 정	그칠 지 [止]부/총5획	一丅下正正	正										
足	발 족	발 족 [足]부/총7획	丨口口早早足足	足										
左	왼 좌	장인 공 [工]부/총5획	一ナ𠂇左左	左										
直	곧을 직	눈 목 [目]부/총8획	一十𠂇冇冇育直直	直										
平	평평할 평	방패 간 [干]부/총5획	一𠃌冖乊平	平										
下	아래 하	한 일 [一]부/총3획	一丅下	下										

漢	한수/한나라 한 삼수변 [氵(水)]부/총14획 ` 丶 氵 氵 汁 汁 泄 泄 泄 洪 港 漌 漌 漢	漢									
海	바다 해 삼수변 [氵(水)]부/총10획 氵 氵 氵 汇 汇 海 海 海	海									
話	말씀 화 말씀 언 [言]부/총13획 亠 亠 言 言 言 言 訁 訂 話 話	話									
活	살 활 삼수변 [氵(水)]부/총9획 ` 丶 氵 氵 汇 汗 汗 活 活	活									
孝	효도 효 아들 자 [子]부/총7획 一 十 土 耂 考 孝	孝									
後	뒤 후 두인변 [彳]부/총9획 ノ 彳 彳 彳 径 径 後 後 後	後									

섞음 漢字 사용법

1. 25쪽부터는 섞음漢字이므로 먼저 이것들을 가로, 세로를 좇아 읽기를 반복하여 전체를 잘읽을줄 알아야 합니다.

2. '섞음漢字'(25쪽)와 '섞음漢字훈음표'(23쪽)는 그 번호가 서로 같습니다. 검사하면서 모르는 漢字는 적당한 양만큼 가려내서 '섞음漢字훈음표'(23쪽)를 보고 확인한 다음 3번씩 써보면서 외우세요.

3. 이런 방법으로 자주 반복해서 하고 결국은 모두 다 알 수 있도록 한다음 연습문제와 예상문제 그리고 기출문제를 풀어가면 됩니다.

※ 섞음漢字 사용은 배정漢字를 제대로 알기 위한 최선의 방법입니다.
배정漢字 100字(13쪽~) 과정을 끝내고 난 다음에 섞음漢字 과정을 꼭 해야 합니다.

※ 배정漢字의 암기가 잘됐다고 할수 있는 기준은 13쪽부터 있는 가, 나, 다...순의 읽기가 아니고 섞음漢字의 읽기를 기준으로 삼아야 합니다.
섞음漢字는 필요할때마다 가끔씩 해야합니다.

※ 섞음漢字를 능히 잘 읽을수 있게 되면 이 속에 들어있는 漢字들이 급수시험이나 신문, 기타 다른 책에서 나오더라도 거뜬히 읽을수 있게 될것입니다.

어문회 7급Ⅱ 카드식 섞음漢字(배정漢字) 100字 훈·음표

家 집 가 1	間 사이 간 2	江 강 강 3	車 수레 거 / 차 차 4	工 장인 공 5	空 빌 공 6	敎 가르칠 교 7	校 학교 교 8	九 아홉 구 9	國 나라 국 10
軍 군사 군 11	金 쇠 금 / 성 김 12	記 기록할 기 13	氣 기운 기 14	男 사내 남 15	南 남녘 남 16	內 안 내 17	女 계집 녀 18	年 해 년 19	農 농사 농 20
答 대답 답 21	大 큰 대 22	道 길 도 23	東 동녘 동 24	動 움직일 동 25	力 힘 력 26	六 여섯 륙 27	立 설 립 28	萬 일만 만 29	每 매양 매 30
名 이름 명 31	物 물건 물 32	母 어미 모 33	木 나무 목 34	門 문 문 35	民 백성 민 36	方 모 방 37	白 흰 백 38	父 아비 부 39	北 북녘 북 40
不 아닐 불 41	四 넉 사 42	事 일 사 43	山 메 산 44	三 석 삼 45	上 윗 상 46	生 날 생 47	西 서녘 서 48	先 먼저 선 49	姓 성 성 50
世 인간 세 51	小 작을 소 52	手 손 수 53	水 물 수 54	時 때 시 55	市 저자 시 56	食 밥 식 57	室 집 실 58	十 열 십 59	安 편안 안 60
午 낮 오 61	五 다섯 오 62	王 임금 왕 63	外 바깥 외 64	右 오른 우 65	月 달 월 66	二 두 이 67	人 여덟 팔 68	一 한 일 69	日 날 일 70
子 아들 자 71	自 스스로 자 72	長 긴 장 73	場 마당 장 74	全 온전 전 75	前 앞 전 76	電 번개 전 77	正 바를 정 78	弟 아우 제 79	足 발 족 80
左 왼 좌 81	中 가운데 중 82	直 곧을 직 83	靑 푸를 청 84	寸 마디 촌 85	七 일곱 칠 86	土 흙 토 87	八 여덟 팔 88	平 평평할 평 89	下 아래 하 90
學 배울 학 91	漢 한나라 한 92	韓 한국 한 / 나라 한 93	海 바다 해 94	兄 형 형 95	火 불 화 96	話 말씀 화 97	活 살 활 98	孝 효도 효 99	後 뒤 후 100

7급Ⅱ '카드식 섞음漢字(배정漢字)' ㉮ 型-1

◉ 암기 효율을 높이기 위해 배정漢字를 섞어 놓은 것입니다.
◉ 여기 글자들의 번호와 앞쪽 '섞음漢字' 훈음표의 번호가 같습니다. 모르는 글자는 번호를 확인하여 암기합니다.
◉ 암기가 다 되었을 무렵 가위로 잘라서 읽기검사를 하고 모르는 글자는 몇번씩 써보고 암기하여 이렇게 몇차례 더 하게 되면 완벽한 암기가 됩니다.
◉ 아래 글자들의 글자와 번호를 함께 가위로 자르면 앞뒤 글자와 번호가 똑같은 카드형태가 됩니다.

木	年	金	間	大	海	室
34	19	12	2	22	94	58
活	安	工	教	右	江	農
98	60	5	7	65	3	20
上	生	孝	車	月	話	正
46	47	99	4	66	97	78
四	七	動	道	子	不	下
42	86	25	23	71	41	90
中	一	時	空	萬	韓	三
82	69	55	6	29	93	45
場	弟	門	後	軍	外	長
74	79	35	100	11	64	73
世	全	六	家	十	北	東
51	75	27	1	59	40	24
民	內	南	父	立	前	氣
36	17	16	39	28	76	14

室	海	大	間	金	年	木
58	94	22	2	12	19	34
農	江	右	教	工	安	活
20	3	65	7	5	60	98
正	話	月	車	孝	生	上
78	97	66	4	99	47	46
下	不	子	道	動	七	四
90	41	71	23	25	86	42
三	韓	萬	空	時	一	中
45	93	29	6	55	69	82
長	外	軍	後	門	弟	場
73	64	11	100	35	79	74
東	北	十	家	六	全	世
24	40	59	1	27	75	51
氣	前	立	父	南	內	民
14	76	28	39	16	17	36

7급Ⅱ ‘카드식 섞음漢字(배정漢字)’ ㉮ 型-2

◉ 암기 효율을 높이기 위해 배정漢字를 섞어 놓은 것입니다.
◉ 여기 글자들의 번호와 앞쪽 ‘섞음漢字’ 훈음표의 번호가 같습니다. 모르는 글자는 번호를 확인하여 암기합니다.
◉ 암기가 다 되었을 무렵 가위로 잘라서 읽기검사를 하고 모르는 글자는 몇번씩 써보고 암기하여 이렇게 몇차례 더 하게 되면 완벽한 암기가 됩니다.
◉ 아래 글자들의 글자와 번호를 함께 가위로 자르면 앞뒤 글자와 번호가 똑같은 카드형태가 됩니다.

先	兄	自	國	日	午	左
49	95	72	10	70	61	81
足	記	電	每	力	事	十
80	13	77	30	26	43	59
八	人	白	答	物	漢	火
88	68	38	21	32	92	96
學	二	平	西	女	市	直
91	67	89	48	18	56	83
名	王	校	小	靑	方	九
31	63	8	52	84	37	9
水	男	食	五	母	手	寸
54	15	57	62	33	53	85
姓	山					
50	44					

左	午	日	國	自	兄	先
81	61	70	10	72	95	49
十	事	力	每	電	記	足
59	43	26	30	77	13	80
火	漢	物	答	白	人	八
96	92	32	21	38	68	88
直	市	女	西	平	二	學
83	56	18	48	89	67	91
九	方	靑	小	校	王	名
9	37	84	52	8	63	31
寸	手	母	五	食	男	水
85	53	33	62	57	15	54
					山	姓
					44	50

7급Ⅱ 訓·音(훈·음:뜻과·소리)쓰기

정답은 34쪽에 있습니다.

제1회 다음 漢字(한자)의 訓(훈)과 音(음)을 쓰세요.

※ 한 줄을 먼저 써보고 85% 이상 미흡할때는 '카드식 섞음漢字'를 다시 복습하고 푸세요.

1. 寸 [ ]
2. 食 [ ]
3. 全 [ ]
4. 七 [ ]
5. 動 [ ]
6. 場 [ ]
7. 車 [ ]
8. 午 [ ]
9. 記 [ ]
10. 母 [ ]
11. 海 [ ]
12. 電 [ ]
13. 方 [ ]
14. 答 [ ]
15. 大 [ ]
16. 活 [ ]
17. 時 [ ]
18. 農 [ ]
19. 九 [ ]
20. 校 [ ]
21. 安 [ ]
22. 兄 [ ]
23. 右 [ ]
24. 國 [ ]
25. 教 [ ]
26. 前 [ ]
27. 火 [ ]
28. 中 [ ]
29. 南 [ ]
30. 六 [ ]
31. 靑 [ ]
32. 事 [ ]
33. 內 [ ]
34. 室 [ ]
35. 生 [ ]
36. 名 [ ]
37. 門 [ ]
38. 父 [ ]
39. 漢 [ ]
40. 長 [ ]
41. 外 [ ]
42. 人 [ ]
43. 四 [ ]
44. 安 [ ]
45. 空 [ ]
46. 足 [ ]
47. 氣 [ ]
48. 每 [ ]
49. 年 [ ]
50. 立 [ ]

제2회 다음 漢字(한자)의 訓(훈)과 音(음)을 쓰세요.

정답은 34쪽에 있습니다.

1. 左 [ ]
2. 內 [ ]
3. 十 [ ]
4. 孝 [ ]
5. 韓 [ ]
6. 土 [ ]
7. 先 [ ]
8. 手 [ ]
9. 五 [ ]
10. 姓 [ ]
11. 日 [ ]
12. 直 [ ]
13. 子 [ ]
14. 軍 [ ]
15. 東 [ ]
16. 八 [ ]
17. 金 [ ]
18. 工 [ ]
19. 物 [ ]
20. 西 [ ]
21. 平 [ ]
22. 下 [ ]
23. 自 [ ]
24. 男 [ ]
25. 北 [ ]
26. 三 [ ]
27. 家 [ ]
28. 弟 [ ]
29. 小 [ ]
30. 一 [ ]
31. 水 [ ]
32. 民 [ ]
33. 間 [ ]
34. 話 [ ]
35. 後 [ ]
36. 不 [ ]
37. 王 [ ]
38. 學 [ ]
39. 道 [ ]
40. 二 [ ]
41. 山 [ ]
42. 市 [ ]
43. 木 [ ]
44. 世 [ ]
45. 白 [ ]
46. 萬 [ ]
47. 力 [ ]
48. 家 [ ]
49. 江 [ ]
50. 月 [ ]

제3회 다음 漢字(한자)의 訓(훈)과 音(음)을 쓰세요.

정답은 34쪽에 있습니다.

1. 生 [ ]
2. 車 [ ]
3. 足 [ ]
4. 二 [ ]
5. 白 [ ]
6. 記 [ ]
7. 市 [ ]
8. 北 [ ]
9. 中 [ ]
10. 氣 [ ]
11. 場 [ ]
12. 男 [ ]
13. 動 [ ]
14. 寸 [ ]
15. 王 [ ]
16. 東 [ ]
17. 長 [ ]
18. 孝 [ ]
19. 九 [ ]
20. 先 [ ]
21. 立 [ ]
22. 家 [ ]
23. 後 [ ]
24. 月 [ ]
25. 答 [ ]
26. 民 [ ]
27. 平 [ ]
28. 電 [ ]
29. 西 [ ]
30. 土 [ ]
31. 全 [ ]
32. 手 [ ]
33. 兄 [ ]
34. 外 [ ]
35. 大 [ ]
36. 父 [ ]
37. 年 [ ]
38. 右 [ ]
39. 話 [ ]
40. 國 [ ]
41. 前 [ ]
42. 世 [ ]
43. 間 [ ]
44. 軍 [ ]
45. 午 [ ]
46. 名 [ ]
47. 室 [ ]
48. 女 [ ]
49. 道 [ ]
50. 方 [ ]

제4회 다음 漢字(한자)의 訓(훈)과 音(음)을 쓰세요.

정답은 34쪽에 있습니다.

1. 南 [ ]
2. 自 [ ]
3. 水 [ ]
4. 青 [ ]
5. 門 [ ]
6. 八 [ ]
7. 正 [ ]
8. 大 [ ]
9. 金 [ ]
10. 工 [ ]
11. 每 [ ]
12. 內 [ ]
13. 江 [ ]
14. 七 [ ]
15. 萬 [ ]
16. 學 [ ]
17. 事 [ ]
18. 不 [ ]
19. 火 [ ]
20. 一 [ ]
21. 上 [ ]
22. 直 [ ]
23. 母 [ ]
24. 空 [ ]
25. 校 [ ]
26. 活 [ ]
27. 力 [ ]
28. 農 [ ]
29. 小 [ ]
30. 六 [ ]
31. 韓 [ ]
32. 左 [ ]
33. 時 [ ]
34. 日 [ ]
35. 山 [ ]
36. 三 [ ]
37. 教 [ ]
38. 物 [ ]
39. 安 [ ]
40. 子 [ ]
41. 木 [ ]
42. 下 [ ]
43. 四 [ ]
44. 漢 [ ]
45. 弟 [ ]
46. 五 [ ]
47. 十 [ ]
48. 海 [ ]
49. 姓 [ ]
50. 食 [ ]

반대자, 상대자

뜻이 서로 반대되는 漢字

江	(강 강)	↔	山	(메 산)
敎	(가르칠 교)	↔	學	(배울 학)
男	(사내 남)	↔	女	(계집 녀)
內	(안 내)	↔	外	(바깥 외)
大	(큰 대)	↔	小	(작을 소)
東	(동녘 동)	↔	西	(서녘 서)
父	(아비 부)	↔	母	(어미 모)
山	(메 산)	↔	海	(바다 해)
上	(윗 상)	↔	下	(아래 하)
先	(먼저 선)	↔	後	(뒤 후)
手	(손 수)	↔	足	(발 족)
水	(물 수)	↔	火	(불 화)
月	(달 월)	↔	日	(날 일)
日	(날 일)	↔	月	(달 월)
子	(아들 자)	↔	女	(계집 녀)
前	(앞 전)	↔	後	(뒤 후)
左	(왼 좌)	↔	右	(오른 우)
兄	(형 형)	↔	弟	(아우 제)
火	(불 화)	↔	水	(물 수)

사 자 성 어 [四字成語]

國民年金	국민연금	일정 기간 또는 죽을 때까지 해마다 지급되는 일정액의 돈
南男北女	남남북녀	우리나라에서, 남자는 남쪽지방 사람이 잘나고 여자는 북쪽 지방 사람이 고움을 이르는 말
大韓民國	대한민국	우리나라의 국호(나라이름)
東西南北	동서남북	동쪽 · 서쪽 · 남쪽 · 북쪽이라는 뜻으로, 모든 방향을 이르는 말
父母兄弟	부모형제	아버지 · 어머니 · 형 · 아우라는 뜻으로, 가족을 이르는 말
四方八方	사방팔방	여기저기 모든 방향이나 방면
四海兄弟	사해형제	온 세상 사람이 모두 형제와 같이 친하다는 뜻
三三五五	삼삼오오	서너 사람 또는 대여섯 사람이 떼를 지어 다니거나 무슨 일을 함
上下左右	상하좌우	위, 아래, 왼쪽, 오른쪽을 이르는 말로, 모든 방향을 이름
生年月日	생년월일	태어난 해와 달과 날
世上萬事	세상만사	세상에서 일어나는 온갖 일
十中八九	십중팔구	열가운데 여덟이나 아홉 정도로 거의 대부분이거나 거의 틀림 없음을 이르는 말
人山人海	인산인해	사람이 수 없이 많이 모인 상태를 이르는 말
土木工事	토목공사	땅이나 하천 등을 고쳐 만드는 공사
八道江山	팔도강산	우리나라 전체의 강산을 이르는 말

7급Ⅱ 훈·음쓰기 정답

제1회 훈·음쓰기

1. 마디촌 2. 밥식 3. 온전전 4, 일곱칠 5. 움직일동 6. 마당장 7. 수레거/차차 8. 낮오 9. 기록할기 10. 어미모 11. 바다해 12. 번개전 13. 모방 14. 대답답 15. 큰대 16. 살활 17. 때시 18. 농사농 19. 아홉구 20. 학교교 21. 편안안 22. 형형 23. 오른우 24. 나라국 25. 가르칠교 26. 앞전 27. 불화 28. 가운데중 29. 남녘남 30. 여섯륙 31. 푸를청 32. 일사 33. 안내 34. 집실 35. 날생 36. 이름명 37. 문문 38. 아비부 39. 한나라/한수한 40. 긴장 41. 바깥외 42. 사람인 43. 넉사 44. 편안안 45. 빌공 46. 발족 47. 기운기 48. 매양매 49. 해년 50. 설립

제2회 훈·음쓰기

1. 왼좌 2. 안내 3. 열십 4. 효도효 5. 한국한 6. 흙토 7. 먼저선 8. 손수 9. 다섯오 10. 성성 11. 날일 12. 곧을직 13. 아들자 14. 군사군 15. 동녘동 16. 여덟팔 17. 쇠금/성김 18. 장인공 19. 물건물 20. 서녘서 21. 평평할평 22. 아래하 23. 스스로자 24. 사내남 25. 북녘북 26. 석삼 27. 집가 28. 아우제 29. 작을소 30. 한일 31. 물수 32. 백성민 33. 사이간 34. 말씀화 35. 뒤후 36. 아닐불 37. 임금왕 38. 배울학 39. 길도 40. 두이 41. 메산 42. 저자시 43. 나무목 44. 인간세 45. 흰백 46. 일만만 47. 힘력 48. 집가 49. 강강 50. 달월

제3회 훈·음쓰기

1. 날생 2. 수레거 3. 발족 4. 두이 5. 흰백 6. 기록할기 7. 저자시 8. 북녘북 9. 가운데중 10. 기운기 11. 마당장 12. 사내남 13. 움직일동 14. 마디촌 15. 임금왕 16. 동녘동 17. 긴장 18. 효도효 19. 아홉구 20. 먼저선 21. 설립 22. 집가 23. 뒤후 24. 달월 25. 대답답 26. 백성민 27. 평평할평 28. 번개전 29. 서녘서 30. 흙토 31. 온전전 32. 손수 33. 형형 34. 바깥외 35. 큰대 36. 아비부 37. 해년 38. 오른우 39. 말씀화 40. 나라국 41. 앞전 42. 인간세 43. 사이간 44. 군사군 45. 낮오 46. 이름명 47. 집실 48. 계집녀 49. 길도 50. 모방

제4회 훈·음쓰기

1. 남녘남 2. 스스로자 3. 물수 4. 푸를청 5. 문문 6. 여덟팔 7. 바를정 8. 큰대 9. 쇠금/성김 10. 장인공 11. 매양매 12. 안내 13. 강강 14. 일곱칠 15. 일만만 16. 배울학 17. 일사 18. 아닐불 19. 불화 20. 한일 21. 윗상 22. 곧을직 23. 어미모 24. 빌공 25. 학교교 26. 살활 27. 힘력 28. 농사농 29. 작을소 30. 여섯륙 31. 한국한 32. 왼좌 33. 때시 34. 날/해일 35. 메산 36. 석삼 37. 가르칠교 38. 물건물 39. 편안안 40. 아들자 41. 나무목 42. 아래하 43. 넉사 44. 한나라한 45. 아우제 46. 다섯오 47. 열십 48. 바다해 49. 성성 50. 밥식

어문회 7급Ⅱ 석음漢字(배정漢字) 100字 훈·음표

家 집 가 1	間 사이 간 2	江 강 강 3	車 수레 거 차 차 4	工 장인 공 5	空 빌 공 6	教 가르칠 교 7	校 학교 교 8	九 아홉 구 9	國 나라 국 10
軍 군사 군 11	金 쇠 금 성 김 12	記 기록할 기 13	氣 기운 기 14	男 사내 남 15	南 남녘 남 16	內 안 내 17	女 계집 녀 18	年 해 년 19	農 농사 농 20
答 대답 답 21	大 큰 대 22	道 길 도 23	東 동녘 동 24	動 움직일 동 25	力 힘 력 26	六 여섯 륙 27	立 설 립 28	萬 일만 만 29	每 매양 매 30
名 이름 명 31	物 물건 물 32	母 어미 모 33	木 나무 목 34	門 문 문 35	民 백성 민 36	方 모 방 37	白 흰 백 38	父 아비 부 39	北 북녘 북 40
不 아닐 불 41	四 넉 사 42	事 일 사 43	山 메 산 44	三 석 삼 45	上 윗 상 46	生 날 생 47	西 서녘 서 48	先 먼저 선 49	姓 성 성 50
世 인간 세 51	小 작을 소 52	手 손 수 53	水 물 수 54	時 때 시 55	市 저자 시 56	食 밥 식 57	室 집 실 58	十 열 십 59	安 편안 안 60
午 낮 오 61	五 다섯 오 62	王 임금 왕 63	外 바깥 외 64	右 오른 우 65	月 달 월 66	二 두 이 67	人 여덟 팔 68	一 한 일 69	日 날 일 70
子 아들 자 71	自 스스로 자 72	長 긴 장 73	場 마당 장 74	全 온전 전 75	前 앞 전 76	電 번개 전 77	正 바를 정 78	弟 아우 제 79	足 발 족 80
左 왼 좌 81	中 가운데 중 82	直 곧을 직 83	靑 푸를 청 84	寸 마디 촌 85	七 일곱 칠 86	土 흙 토 87	八 여덟 팔 88	平 평평할 평 89	下 아래 하 90
學 배울 학 91	漢 한나라 한 92	韓 한국 한 나라 한 93	海 바다 해 94	兄 형 형 95	火 불 화 96	話 말씀 화 97	活 살 활 98	孝 효도 효 99	後 뒤 후 100

7급Ⅱ '섞음漢字(배정漢字)' ㉯ 型-1

◉ 암기 효율을 높이기 위해 배정漢字를 섞어 놓은 것입니다.
◉ 여기 글자들의 번호와 앞쪽 '섞음漢字' 훈음표의 번호가 같습니다. 모르는 글자는 번호를 확인하여 암기합니다.

下	道	四	子	動	七	不
90	23	42	71	25	86	41
東	家	世	十	六	全	北
24	1	51	59	27	75	40
長	後	場	軍	門	弟	外
73	100	74	11	35	79	64
氣	父	民	立	南	內	前
14	39	36	28	16	17	76
農	敎	活	右	工	安	江
20	7	98	65	5	60	3
正	車	上	月	孝	生	話
78	4	46	66	99	47	97
室	間	木	大	金	年	海
58	2	34	22	12	19	94
三	空	中	萬	時	一	韓
45	6	82	29	55	69	93

7급Ⅱ '섞음漢字(배정漢字)' ㉯ 型-2

◉ 암기 효율을 높이기 위해 배정漢字를 섞어 놓은 것입니다.
◉ 여기 글자들의 번호와 앞쪽 '섞음漢字' 훈음표의 번호가 같습니다. 모르는 글자는 번호를 확인하여 암기합니다.

白	答	人	物	漢	八	火
38	21	68	32	92	88	96
山	五	男	母	手	水	寸
44	62	15	33	53	54	85
校	小	王	姓	方	名	九
8	52	63	50	37	31	9
自	國	兄	日	午	先	左
72	10	95	70	61	49	81
電	每	記	力	事	足	土
77	30	13	26	43	80	87
平	西	二	女	市	學	直
89	48	67	18	56	91	83
靑	食					
84	57					

한자능력 검정시험 7급Ⅱ 예상문제(1~9회)

지금까지 여러분은
기초부수와 배정漢字, 섞음漢字
그리고 훈·음쓰기로 열심히
공부해왔습니다.
참 잘 하셨습니다.
이제는 예상문제를 풀 차례입니다.
시험에서 틀리는 문제는
3회이상 써보고 암기한후에
다음회를 풀기 바랍니다.
정답은 79쪽에 있음.

제1회 한자능력검정시험 7급Ⅱ 예상문제

(社) 한국어문회주관

문 항 수 : 60문항
합격점수 : 42점
제한시간 : 50분

1. [문제1~22] 다음 밑줄친 漢字語(한자어)의 音(음:소리)을 쓰세요.

< 보 기 >
漢字 → 한자

1. 대한민국 韓國은 반도체 강국입니다. [ ]
2. 이산은 道立 공원입니다. [ ]
3. 우리는 비가 멈춘 直後에 떠났다. [ ]
4. 저는 매일 日記를 씁니다. [ ]
5. 개구리는 겨울잠을 자는 動物입니다. [ ]
6. 아버지께서는 每日 산책를 하십니다. [ ]
7. 내가 날리던 연이 空中에서 맴돌다 나무가지에 걸렸습니다. [ ]
8. 우리 學校옆에 큰 탑이 있습니다. [ ]
9. 눈이 많이 내려서 四方 교통이 막혔습니다. [ ]
10. 우리 父母님께서는 매우 건강하십니다. [ ]
11. 그 분은 지진이 나기 直前에 그곳을 떠났습니다. [ ]
12. 겨울에 비닐하우스 속에서도 農事를 짓습니다. [ ]
13. 우리집 마당 空間에 채소가 자랍니다 [ ]
14. 그 신발가격은 六萬원입니다. [ ]
15. 우리나라 동쪽바다를 東海라고 부르고 그곳에는 독도가 있습니다. [ ]
16. 나의 친구는 약속 時間을 잘 지킵니다. [ ]
17. 올림픽 力道 경기에 세계의 모든 장사들이 다 모였습니다. [ ]
18. 그 분은 평생 國民을 위해 살았습니다. [ ]
19. 오늘은 間食으로 빵을 먹었습니다. [ ]
20. 우리 家門의 가훈은 정직 근면입니다. [ ]
21. 공장에서는 電氣를 많이 사용합니다. [ ]
22. 하늘을 지키는 空軍아저씨가 자랑스럽습니다. [ ]

2. [문제23~42] 다음 漢字(한자)의 訓(훈:뜻)과 音(음:소리)을 쓰세요.

< 보 기 >
字 → 글자자

23. 四 [ ]
24. 漢 [ ]
25. 父 [ ]
26. 室 [ ]
27. 年 [ ]
28. 右 [ ]
29. 學 [ ]
30. 母 [ ]
31. 間 [ ]
32. 木 [ ]
33. 教 [ ]
34. 全 [ ]
35. 軍 [ ]
36. 空 [ ]
37. 記 [ ]
38. 西 [ ]
39. 韓 [ ]
40. 正 [ ]
41. 下 [ ]
42. 名 [ ]

3. [문제43~44] 다음 밑줄친 漢字語(한자어)를 〈보기〉에서 골라 그 번호를 쓰세요.

< 보 기 >

① 電力	② 空室
③ 農事	④ 工場

43. 금년 날씨는 <u>농사</u> 짓기에 좋습니다. [ ]

44. 우리나라는 <u>전력</u>이 풍부합니다. [ ]

4. [문제45~54] 다음 訓(훈:뜻)과 音(음:소리)에 맞는 漢字(한자)를 〈보기〉에서 골라 그 번호를 쓰세요.

< 보 기 >

① 長	② 八	③ 話	④ 白
⑤ 海	⑥ 方	⑦ 學	⑧ 答
⑨ 室	⑩ 平		

45. 말씀화 [ ]　46. 흰　백 [ ]

47. 평평할평 [ ]　48. 대답답 [ ]

49. 집　실 [ ]　50. 바다해 [ ]

51. 배울학 [ ]　52. 긴　장 [ ]

53. 여덟팔 [ ]　54. 모　방 [ ]

5. [문제55~56] 다음 漢字(한자)의 상대 또는 반대되는 漢字(한자)를 〈보기〉에서 골라 그 번호를 쓰세요.

< 보 기 >

① 北	② 後
③ 上	④ 右

55. 左 ⟷ ( )

56. 前 ⟷ ( )

6. [문제57~58] 다음 뜻에 맞는 漢字語(한자어)를 〈보기〉에서 찾아 그 번호를 쓰세요.

< 보 기 >

① 國民	② 東門
③ 市內	④ 萬物

57. 세상에 있는 모든 것 [ ]

58. 한 나라를 구성하는 사람들 [ ]

7. [문제59~60] 다음 漢字(한자)에서 진하게 표시한 획은 몇 번째 쓰는지 〈보기〉에서 찾아 그 번호를 쓰세요.

< 보 기 >

① 첫 번째	② 두 번째
③ 세 번째	④ 네 번째
⑤ 다섯 번째	⑥ 여섯 번째

59. 民 [ ]

60. 火 [ ]

제2회 한자능력검정시험 7급Ⅱ 예상문제

(社) 한국어문회주관

문 항 수 : 60문항
합격점수 : 42점
제한시간 : 50분

1. [문제1~22] 다음 밑줄친 漢字語(한자어)의 音(음:소리)을 쓰세요.

< 보 기 >
漢字 → 한자

1. 택배아저씨가 물건을 門前에 두고 갔습니다. [ ]
2. 회의장소에 우리 고을의 市長님이 오십니다. [ ]
3. 모든 일에는 安全이 제일입니다. [ ]
4. 부모님 말씀을 잘 들으면 孝子가 됩니다. [ ]
5. 그 분은 平生 동안 남을 돕고 살았습니다. [ ]
6. 봄이 되면 제비들은 江南에서 온다고 합니다. [ ]
7. 우리들 兄弟는 가족과 함께 자주 산에 갑니다. [ ]
8. 우리 敎室 안에는 예쁜 그림이 많습니다. [ ]
9. 내일은 室內 체육관에서 운동을 합니다. [ ]
10. 잠잘 때쯤에는 間食을 먹지 말아야 합니다. [ ]
11. 그 분은 여러 단체에서 活動하고 계십니다. [ ]
12. 그 군대가 적군의 後方을 공격했습니다. [ ]
13. 이 집은 지은지 九十년이 넘었습니다. [ ]
14. 기후가 每年 변하고 있습니다. [ ]
15. 나는 어머니 家事를 도웁니다. [ ]
16. 큰형은 우리집 長子입니다. [ ]
17. 발전소에서 電氣를 생산합니다. [ ]
18. 우리 선생님이 校門 옆에 서 계십니다. [ ]
19. 봄에는 萬物이 기운을 얻습니다. [ ]
20. 신호등을 건널때는 左右를 잘 살펴야 합니다. [ ]
21. 할머니의 연세는 七十입니다. [ ]
22. 해가 西山으로 넘어 갔습니다. [ ]

2. [문제23~42] 다음 漢字(한자)의 訓(훈:뜻)과 音(음:소리)을 쓰세요.

< 보 기 >
字 → 글자자

23. 外 [ ]
24. 左 [ ]
25. 日 [ ]
26. 方 [ ]
27. 小 [ ]
28. 火 [ ]
29. 活 [ ]
30. 大 [ ]
31. 校 [ ]
32. 氣 [ ]
33. 道 [ ]
34. 市 [ ]
35. 足 [ ]
36. 平 [ ]
37. 世 [ ]
38. 動 [ ]
39. 電 [ ]
40. 手 [ ]
41. 五 [ ]
42. 安 [ ]

3. [문제43~44] 다음 밑줄친 漢字語(한자어)를 〈보기〉에서 골라 그 번호를 쓰세요.

< 보 기 >

① 東方　② 學校
③ 校長　④ 車道

43. 걸을 때는 <u>차도</u>로 들어가면 안됩니다. [　　]

44. <u>교장</u> 선생님께서 우리 교실에 오셨습니다. [　　]

4. [문제45~54] 다음 訓(훈:뜻)과 音(음:소리)에 맞는 漢字(한자)를 〈보기〉에서 골라 그 번호를 쓰세요.

< 보 기 >

① 右　② 間　③ 安　④ 西
⑤ 農　⑥ 下　⑦ 手　⑧ 校
⑨ 力　⑩ 火

45. 사이간 [　　]　46. 아래하 [　　]

47. 불　화 [　　]　48. 오른우 [　　]

49. 농사농 [　　]　50. 손　수 [　　]

51. 학교교 [　　]　52. 편안안 [　　]

53. 서녘서 [　　]　54. 힘　력 [　　]

5. [문제55~56] 다음 漢字(한자)의 상대 또는 반대되는 漢字(한자)를 〈보기〉에서 골라 그 번호를 쓰세요.

< 보 기 >

① 門　② 北
③ 上　④ 外

55. 南 ⟷ (　　)

56. 內 ⟷ (　　)

6. [문제57~58] 다음 뜻에 맞는 漢字語(한자어)를 〈보기〉에서 찾아 그 번호를 쓰세요.

< 보 기 >

① 電動　② 韓國
③ 韓食　④ 海水

57. 바닷물 [　　]

58. 한국식의 음식 또는 식사 . [　　]

7. [문제59~60] 다음 漢字(한자)에서 진하게 표시한 획은 몇 번째 쓰는지 〈보기〉에서 찾아 그 번호를 쓰세요.

< 보 기 >

① 첫 번째　② 두 번째
③ 세 번째　④ 네 번째
⑤ 다섯 번째　⑥ 여섯 번째
⑦ 일곱 번째　⑧ 여덟 번째

59. 母 [　　]

60. 事 [　　]

제3회 한자능력검정시험 7급Ⅱ 예상문제

(社) 한국어문회주관

문 항 수 : 60문항
합격점수 : 42점
제한시간 : 50분

1. [문제1~22] 다음 밑줄친 漢字語(한자어)의 音(음:소리)을 쓰세요.

< 보 기 >
漢字 → 한자

1. 도에서 지정한 공원은 <u>道立</u>공원입니다. [ ]
2. 해변에서 <u>男女</u>가 함께 걷고 있습니다. [ ]
3. 누나는 어머니의 <u>家事</u>일을 자주 돕습니다. [ ]
4. 운동을 하면 <u>活力</u>이 넘칩니다. [ ]
5. 오늘은 삼일절이라서 <u>大門</u> 위에 태극기를 걸었습니다. [ ]
6. 우리 아버지는 <u>農事</u>를 짓습니다. [ ]
7. <u>市長</u>님은 시청에서 근무하십니다. [ ]
8. 기후 변화가 심해서 <u>農家</u> 소득이 줄어들었습니다. [ ]
9. 여기가 우리가 공부하는 <u>教室</u>입니다. [ ]
10. 감들이 시골 <u>農場</u>에서 빨갛게 익었습니다. [ ]
11. 우리나라 남쪽바다는 <u>南海</u>라고 부릅. 니다 [ ]
12. 어린이들은 <u>動物</u>을 사랑합니다. [ ]
13. 우리반은 여자가 <u>男子</u>보다 더 많습니다. [ ]
14. 무슨 일을 할 때는 <u>先後</u>를 가려서 합니다. [ ]
15. <u>下山</u>하는 길에 비가 내렸습니다. [ ]
16. 비행기가 <u>上空</u>을 날고 있습니다. [ ]
17. 요새는 <u>男女</u>가 함께 하는 일이 많아졌습니다. [ ]
18. 이 <u>工場</u>에서 컴퓨터를 만듭니다. [ ]
19. 우리 마을 앞쪽에 <u>南山</u>이 있습니다. [ ]
20. 겨울철 <u>午後</u> 날씨는 매우 춥습니다. [ ]
21. <u>食事</u>하기 전에 반드시 손을 씻어야 합니다. [ ]
22. 우리 <u>韓國</u> 사람은 부지런합니다. [ ]

2. [문제23~42] 다음 漢字(한자)의 訓(훈:뜻)과 音(음:소리)을 쓰세요.

< 보 기 >
字 → 글자자

23. 動 [ ]
24. 車 [ ]
25. 九 [ ]
26. 門 [ ]
27. 六 [ ]
28. 中 [ ]
29. 白 [ ]
30. 國 [ ]
31. 工 [ ]
32. 三 [ ]
33. 先 [ ]
34. 兄 [ ]
35. 孝 [ ]
36. 萬 [ ]
37. 靑 [ ]
38. 海 [ ]
39. 事 [ ]
40. 長 [ ]
41. 北 [ ]
42. 電 [ ]

3. [문제43~44] 다음 밑줄친 漢字語(한자어)를 〈보기〉에서 골라 그 번호를 쓰세요.

< 보 기 >

① 名物　② 市場
③ 動物　④ 市民

43. 공원에는 신기한 동물이 많았습니다. [　　]

44. 운동장에 시민들이 많이 모였습니다. [　　]

4. [문제45~54] 다음 訓(훈:뜻)과 音(음:소리)에 맞는 漢字(한자)를 〈보기〉에서 골라 그 번호를 쓰세요.

< 보 기 >

① 記　② 食　③ 動　④ 活
⑤ 外　⑥ 教　⑦ 學　⑧ 先
⑨ 足　⑩ 車

45. 움직일동 [　　]　46. 기록할기 [　　]

47. 살　활 [　　]　48. 밥　식 [　　]

49. 먼저선 [　　]　50. 배울학 [　　]

51. 가르칠교 [　　]　52. 바깥외 [　　]

53. 발　족 [　　]　54. 수레거/차차 [　　]

5. [문제55~56] 다음 漢字(한자)의 상대 또는 반대되는 漢字(한자)를 〈보기〉에서 골라 그 번호를 쓰세요.

< 보 기 >

① 北　② 校
③ 水　④ 食

55. 南 ⟷ (　　)

56. 火 ⟷ (　　)

6. [문제57~58] 다음 뜻에 맞는 漢字語(한자어)를 〈보기〉에서 찾아 그 번호를 쓰세요.

< 보 기 >

① 生木　② 南道
③ 時間　④ 子正

57. 살아있는 나무 [　　]

58. 밤 12시 . [　　]

7. [문제59~60] 다음 漢字(한자)에서 진하게 표시한 획은 몇 번째 쓰는지 〈보기〉에서 찾아 그 번호를 쓰세요.

< 보 기 >

① 첫 번째　② 두 번째
③ 세 번째　④ 네 번째
⑤ 다섯 번째　⑥ 여섯 번째
⑦ 일곱 번째　⑧ 여덟 번째
⑨ 아홉 번째　⑩ 열 번째

59. 道 [　　]

60. 世 [　　]

제4회 한자능력검정시험 7급Ⅱ 예상문제

(社) 한국어문회주관

문 항 수 : 60문항
합격점수 : 42점
제한시간 : 50분

1. [문제1~22] 다음 밑줄친 漢字語(한자어)의 音(음:소리)을 쓰세요.

< 보 기 >
漢字 → 한자

1. 그 분은 바둑의 <u>大家</u>이십니다. [ ]
2. 작은 아버지의 아들은 나와 <u>四寸</u> 사이입니다. [ ]
3. 약속 <u>時間</u>을 잘 지킵시다. [ ]
4. 공장은 <u>電氣</u>가 있어야 일을 합니다. [ ]
5. 제가 이 그림을 그리는데 <u>三日</u> 걸렸습니다. [ ]
6. 스승의 날에 <u>弟子</u>들이 많이 찾아 옵니다. [ ]
7. 국립공원에서는 <u>動物</u>들이 보호받고 삽니다. [ ]
8. 우리들은 모두 같은 <u>工場</u>에서 일합니다. [ ]
9. 나는 <u>間食</u>으로 고구마를 먹었습니다. [ ]
10. 우리 동네 공원은 <u>空間</u>이 넓습니다. [ ]
11. 산골 마을에도 <u>水道</u>가 들어옵니다. [ ]
12. 도시에 나무를 많이 심으면 <u>空氣</u>가 좋아집니다. [ ]
13. 어머니를 따라 <u>市場</u>에 갔습니다. [ ]
14. 저는 할머니께 자주 <u>電話</u>합니다. [ ]
15. 기차역은 우리집에서 <u>東南</u>쪽에 있습니다. [ ]
16. 이 집은 유명한 <u>木手</u>가 지었습니다. [ ]
17. 대한민국은 아름다운 금수<u>江山</u>입니다. [ ]
18. 학교 청소는 <u>午後</u>에 끝내야 합니다. [ ]
19. <u>五月</u>이면 철쭉꽃이 활짝 핍니다. [ ]
20. 봄이 되면 시골 <u>農家</u>는 매우 바쁩니다. [ ]
21. 도시 주변에는 <u>工場</u>이 많습니다. [ ]
22. 축제에 <u>市民</u>들이 많이 모였습니다. [ ]

2. [문제23~42] 다음 漢字(한자)의 訓(훈:뜻)과 音(음:소리)을 쓰세요.

< 보 기 >
字 → 글자자

23. 學 [ ]　　24. 土 [ ]
25. 教 [ ]　　26. 南 [ ]
27. 時 [ ]　　28. 海 [ ]
29. 姓 [ ]　　30. 母 [ ]
31. 男 [ ]　　32. 立 [ ]
33. 水 [ ]　　34. 前 [ ]
35. 東 [ ]　　36. 白 [ ]
37. 後 [ ]　　38. 生 [ ]
39. 軍 [ ]　　40. 每 [ ]
41. 直 [ ]　　42. 答 [ ]

3. [문제43~44] 다음 밑줄친 漢字語(한자어)를 〈보기〉에서 골라 그 번호를 쓰세요.

< 보 기 >
① 午後 ② 平日
③ 每日 ④ 靑色

43. 나는 <u>매일</u> 일기를 씁니다. [ ]
44. 내일 <u>오후</u>에는 비가 온다고 합니다. [ ]

4. [문제45~54] 다음 訓(훈:뜻)과 音(음:소리)에 맞는 漢字(한자)를 〈보기〉에서 골라 그 번호를 쓰세요.

< 보 기 >
① 家 ② 氣 ③ 道 ④ 空
⑤ 名 ⑥ 西 ⑦ 靑 ⑧ 平
⑨ 門 ⑩ 場

45. 빌 공 [ ] 46. 길 도 [ ]
47. 집 가 [ ] 48. 기운기 [ ]
49. 이름명 [ ] 50. 서녘서 [ ]
51. 푸를청 [ ] 52. 평평할평 [ ]
53. 문 문 [ ] 54. 마당장 [ ]

5. [문제55~56] 다음 漢字(한자)의 상대 또는 반대되는 漢字(한자)를 〈보기〉에서 골라 그 번호를 쓰세요.

< 보 기 >
① 世 ② 時
③ 足 ④ 月

55. 手 ⟷ ( )
56. 日 ⟷ ( )

6. [문제57~58] 다음 뜻에 맞는 漢字語(한자어)를 〈보기〉에서 찾아 그 번호를 쓰세요.

< 보 기 >
① 車道 ② 水道
③ 空間 ④ 事物

57. 비어 있는 곳 [ ]
58. 차가 다니는 길 . [ ]

7. [문제59~60] 다음 漢字(한자)에서 진하게 표시한 획은 몇 번째 쓰는지 〈보기〉에서 찾아 그 번호를 쓰세요.

< 보 기 >
① 첫 번째 ② 두 번째
③ 세 번째 ④ 네 번째
⑤ 다섯 번째 ⑥ 여섯 번째
⑦ 일곱 번째 ⑧ 여덟 번째
⑨ 아홉 번째

59. 門 [ ]
60. 電 [ ]

제5회 한자능력검정시험 7급Ⅱ 예상문제

(社) 한국어문회주관

문 항 수 : 60문항
합격점수 : 42점
제한시간 : 50분

1. [문제1~22] 다음 밑줄친 漢字語(한자어)의 音(음:소리)을 쓰세요.

< 보 기 >
漢字 → 한자

1. 기차를 타고 밖을 보니 江山이 아름답습니다. [ ]
2. 우리집 大門은 하얀색입니다. [ ]
3. 室內가 너무 밝아도 안좋습니다. [ ]
4. 오늘은 國軍의 날입니다. [ ]
5. 우리 삼촌은 매우 活動적이어서 부지런합니다. [ ]
6. 옷을 사려고 市內에 갔습니다. [ ]
7. 공장에서는 電氣를 많이 사용합니다. [ ]
8. 나는 가족과 함께 가끔 國立공원에 갑니다. [ ]
9. 집에 걸려온 電話를 핸드폰으로 받을 있습니다. [ ]
10. 그 행사는 年中 두번 열립니다. [ ]
11. 우리 兄弟는 싸우지 않습니다. [ ]
12. 우리의 國家는 대한민국입니다. [ ]
13. 출입문은 自動으로 열립니다. [ ]
14. 우리나라는 八道로 되어 있습니다. [ ]
15. 공원 中間에 큰 나무가 있습니다. [ ]
16. 판문점은 서울에서 北方에 있습니다. [ ]
17. 집을 짓는 木手의 솜씨가 훌륭합니다. [ ]
18. 요새는 소년소녀 家長들도 있습니다. [ ]
19. 우리 학교 全校생들이 운동장에 모였습니다. [ ]
20. 저의 할아버지 연세는 九十입니다. [ ]
21. 우리는 正午에 꼭 점심식사를 합니다. [ ]
22. 나는 午前 7시에 일어납니다. [ ]

2. [문제23~42] 다음 漢字(한자)의 訓(훈:뜻)과 音(음:소리)을 쓰세요.

< 보 기 >
字 → 글자자

23. 民 [ ] 24. 弟 [ ]
25. 力 [ ] 26. 食 [ ]
27. 寸 [ ] 28. 江 [ ]
29. 上 [ ] 30. 正 [ ]
31. 金 [ ] 32. 自 [ ]
33. 場 [ ] 34. 姓 [ ]
35. 每 [ ] 36. 答 [ ]
37. 平 [ ] 38. 萬 [ ]
39. 直 [ ] 40. 前 [ ]
41. 時 [ ] 42. 寸 [ ]

3. [문제43~44] 다음 밑줄친 漢字語(한자어)를 〈보기〉에서 골라 그 번호를 쓰세요.

< 보 기 >

① 軍人　② 韓國
③ 家事　④ 兄弟

43. 대한민국과 한국은 똑같은 우리나라의 이름입니다. [　　]

44. 나는 형제 가 없고 누나만 있습니다. [　　]

4. [문제45~54] 다음 訓(훈:뜻)과 音(음:소리)에 맞는 漢字(한자)를 〈보기〉에서 골라 그 번호를 쓰세요.

< 보 기 >

① 前　② 答　③ 中　④ 孝
⑤ 物　⑥ 氣　⑦ 男　⑧ 東
⑨ 教　⑩ 自

45. 효도효 [　　]　46. 물건물 [　　]

47. 기운기 [　　]　48. 가운데중 [　　]

49. 스스로자 [　　]　50. 가르칠교 [　　]

51. 동녘동 [　　]　52. 사내남 [　　]

53. 앞　전 [　　]　54. 대답답 [　　]

5. [문제55~56] 다음 漢字(한자)의 상대 또는 반대되는 漢字(한자)를 〈보기〉에서 골라 그 번호를 쓰세요.

< 보 기 >

① 長　② 下
③ 前　④ 北

55. 上　⟷　(　　　)

56. 南　⟷　(　　　)

6. [문제57~58] 다음 뜻에 맞는 漢字語(한자어)를 〈보기〉에서 찾아 그 번호를 쓰세요.

< 보 기 >

① 午後　② 家內
③ 農工　④ 正午

57. 낮 12시 [　　]

58. 농업과 공업 . [　　]

7. [문제59~60] 다음 漢字(한자)에서 진하게 표시한 획은 몇 번째 쓰는지 〈보기〉에서 찾아 그 번호를 쓰세요.

< 보 기 >

① 첫 번째　② 두 번째
③ 세 번째　④ 네 번째
⑤ 다섯 번째　⑥ 여섯 번째

59. 水 [　　]

60. 安 [　　]

제6회 한자능력검정시험 7급Ⅱ 예상문제

(社) 한국어문회주관

문 항 수 : 60문항
합격점수 : 42점
제한시간 : 50분

1. [문제1~22] 다음 밑줄친 漢字語(한자어)의 音(음:소리)을 쓰세요.

< 보 기 >
漢字 → 한자

1. 우리 이모는 여자 <u>空軍</u>입니다. [ ]
2. 비행기가 <u>上空</u>을 날고 있습니다. [ ]
3. 시장님을 만나려면 시청으로 가고 물건을 사려면 <u>市場</u>으로 갑니다. [ ]
4. 우리나라 서쪽바다를 <u>西海</u>라고 부릅니다. [ ]
5. 그 분은 도자기 <u>名人</u>이십니다. [ ]
6. 농사가 <u>前年</u>에 비해 풍년입니다. [ ]
7. <u>食事</u> 시간에는 잡담을 하지 맙시다. [ ]
8. 우리집은 <u>兄弟</u> 사이가 좋습니다. [ ]
9. 서울 한복판에 <u>漢江</u>이 흐릅니다. [ ]
10. 주말에는 <u>市外</u>로 자주 나갑니다. [ ]
11. 그 분은 <u>生前</u>에 좋은 일을 많이 했습니다. [ ]
12. 봄은 <u>萬物</u>이 소생하는 계절입니다. [ ]
13. 빨리 하는 것보다 <u>安全</u>이 더 중요합니다. [ ]
14. 겨울철 한파 때문에 <u>農家</u>에 비상이 걸렸습니다. [ ]
15. <u>靑年</u>은 나라의 기둥입니다. [ ]
16. 그 분은 미국에서 태어난 <u>韓國</u> 사람입니다. [ ]
17. 왕자와 공주는 <u>王室</u>의 자손들입니다. [ ]
18. 겨울철 <u>南海</u>의 날씨는 많이 춥지 않습니다. [ ]
19. 자랑스런 <u>國家</u>는 살기 좋은 나라입니다. [ ]
20. 저 큰 건물은 <u>市立</u> 병원입니다. [ ]
21. 오늘은 <u>午後</u>에 축구를 합니다. [ ]
22. 우리나라 <u>軍人</u>들은 씩씩합니다. [ ]

2. [문제23~42] 다음 漢字(한자)의 訓(훈:뜻)과 音(음:소리)을 쓰세요.

< 보 기 >
字 → 글자자

23. 立 [ ]	24. 話 [ ]
25. 民 [ ]	26. 名 [ ]
27. 工 [ ]	28. 道 [ ]
29. 父 [ ]	30. 空 [ ]
31. 年 [ ]	32. 農 [ ]
33. 每 [ ]	34. 答 [ ]
35. 動 [ ]	36. 氣 [ ]
37. 北 [ ]	38. 孝 [ ]
39. 記 [ ]	40. 韓 [ ]
41. 方 [ ]	42. 後 [ ]

3. [문제43~44] 다음 밑줄친 漢字語(한자어)를 〈보기〉에서 골라 그 번호를 쓰세요.

< 보 기 >

① 電話　② 國家
③ 電氣　④ 活動

43. 아버지께서 할아버지께 자주 <u>전화</u>하십니다. [　　]
44. 삼촌은 외국에서 <u>활동</u>하십니다. [　　]

4. [문제45~54] 다음 訓(훈:뜻)과 音(음:소리)에 맞는 漢字(한자)를 〈보기〉에서 골라 그 번호를 쓰세요.

< 보 기 >

① 萬　② 民　③ 動　④ 南
⑤ 事　⑥ 全　⑦ 江　⑧ 正
⑨ 直　⑩ 國

45. 강　강 [　　]　46. 일　사 [　　]
47. 남녘남 [　　]　48. 일만만 [　　]
49. 백성민 [　　]　50. 온전전 [　　]
51. 바를정 [　　]　52. 나라국 [　　]
53. 움직일동 [　　]　54. 곧을직 [　　]

5. [문제55~56] 다음 漢字(한자)의 상대 또는 반대되는 漢字(한자)를 〈보기〉에서 골라 그 번호를 쓰세요.

< 보 기 >

① 小　② 山
③ 內　④ 萬

55. 大 ⟷ (　　)
56. 江 ⟷ (　　)

6. [문제57~58] 다음 뜻에 맞는 漢字語(한자어)를 〈보기〉에서 찾아 그 번호를 쓰세요.

< 보 기 >

① 大道　② 自動
③ 工場　④ 世上

57. 큰 길 [　　]
58. <u>스스로</u> 움직임. [　　]

7. [문제59~60] 다음 漢字(한자)에서 진하게 표시한 획은 몇 번째 쓰는지 〈보기〉에서 찾아 그 번호를 쓰세요.

< 보 기 >

① 첫 번째　② 두 번째
③ 세 번째　④ 네 번째
⑤ 다섯 번째　⑥ 여섯 번째
⑦ 일곱 번째　⑧ 여덟 번째

59. 男 [　　]
60. 活 [　　]

제7회 한자능력검정시험 7급Ⅱ 예상문제

(社) 한국어문회주관

문 항 수 : 60문항
합격점수 : 42점
제한시간 : 50분

1. [문제1~22] 다음 밑줄친 漢字語(한자어)의 音(음:소리)을 쓰세요.

< 보 기 >
漢字 → 한자

1. 요즘 농家에서는 가축도 많이 기릅니다. [ ]
2. 모든 學生은 미래의 희망입니다. [ ]
3. 행복한 사람은 動物도 사랑합니다. [ ]
4. 우리가 생각하기 보다 世上은 더욱 넓습니다. [ ]
5. 나무가 많으면 空氣가 맑습니다. [ ]
6. 화산폭발에 관한 記事가 신문에 실렸습니다. [ ]
7. 食事하기 전에 손을 꼭 씻습니다. [ ]
8. 그 분은 우리 아버지의 弟子입니다. [ ]
9. 아버지가 우리집 家長이십니다. [ ]
10. 옛날에는 농사를 지으면서 전쟁을 하는 農軍도 있었습니다. [ ]
11. 태풍으로 電氣가 끊겼습니다. [ ]
12. 훌륭한 사람은 後世에 이름을 남깁니다. [ ]
13. 電話는 용건만 간단히 합시다. [ ]
14. 우리나라 바다는 東海, 서해, 남해가 있습니다. [ ]
15. 백두산 천지는 火山이 있던 곳입니다. [ ]
16. 우리집과 학교 中間에 전철역이 있습니다. [ ]
17. 국군의 날 空中에서 비행기 묘기가 있었습니다. [ ]
18. 우리 삼촌은 신발 工場에서 일하십니다. [ ]
19. 1, 2학년은 午前에 수업합니다. [ ]
20. 환자들이 平安하게 살도록 치료해야 합니다. [ ]
21. 이 문제는 正答이 없습니다. [ ]
22. 시골 市場은 5일만에 여는 곳도 많습니다. [ ]

2. [문제23~42] 다음 漢字(한자)의 訓(훈:뜻)과 音(음:소리)을 쓰세요.

< 보 기 >
字 → 글자자

23. 學 [ ]
24. 力 [ ]
25. 道 [ ]
26. 後 [ ]
27. 長 [ ]
28. 校 [ ]
29. 家 [ ]
30. 間 [ ]
31. 弟 [ ]
32. 方 [ ]
33. 男 [ ]
34. 車 [ ]
35. 場 [ ]
36. 門 [ ]
37. 正 [ ]
38. 金 [ ]
39. 國 [ ]
40. 外 [ ]
41. 世 [ ]
42. 靑 [ ]

3. [문제43~44] 다음 밑줄친 漢字語(한자어)를 〈보기〉에서 골라 그 번호를 쓰세요.

< 보 기 >

① 空氣　② 時間
③ 敎室　④ 萬民

43. 공부 <u>시간</u>에 조용히 합시다. [　　]

44. 우리 <u>교실</u>은 밝고 조용합니다. [　　]

4. [문제45~54] 다음 訓(훈:뜻)과 音(음:소리)에 맞는 漢字(한자)를 〈보기〉에서 골라 그 번호를 쓰세요.

< 보 기 >

① 左　② 軍　③ 每　④ 工
⑤ 先　⑥ 動　⑦ 不　⑧ 年
⑨ 韓　⑩ 電

45. 번개전 [　　]　46. 군사군 [　　]

47. 왼　좌 [　　]　48. 움직일동 [　　]

49. 매양매 [　　]　50. 장인공 [　　]

51. 먼저선 [　　]　52. 해　년 [　　]

53. 아닐불 [　　]　54. 한국한 [　　]

5. [문제55~56] 다음 漢字(한자)의 상대 또는 반대되는 漢字(한자)를 〈보기〉에서 골라 그 번호를 쓰세요.

< 보 기 >

① 民　② 母
③ 室　④ 學

55. 教 ⟷ (　　)

56. 父 ⟷ (　　)

6. [문제57~58] 다음 뜻에 맞는 漢字語(한자어)를 〈보기〉에서 찾아 그 번호를 쓰세요.

< 보 기 >

① 國內　② 東方
③ 西海　④ 海外

57. 외국 [　　]

58. 나라 안 [　　]

7. [문제59~60] 다음 漢字(한자)에서 진하게 표시한 획은 몇 번째 쓰는지 〈보기〉에서 찾아 그 번호를 쓰세요.

< 보 기 >

① 첫 번째　② 두 번째
③ 세 번째　④ 네 번째
⑤ 다섯 번째　⑥ 여섯 번째
⑦ 일곱 번째　⑧ 여덟 번째
⑨ 아홉 번째　⑩ 열 번째

59.  [　　]

60.  [　　]

제8회 한자능력검정시험 7급Ⅱ 예상문제

(社) 한국어문회주관

문 항 수 : 60문항
합격점수 : 42점
제한시간 : 50분

1. [문제1~22] 다음 밑줄친 漢字語(한자어)의 音(음:소리)을 쓰세요.

< 보 기 >
漢字 → 한자

1. 자기 姓名을 한자로 쓰시오. [ ]
2. 봄에는 萬物들이 기운을 얻습니다. [ ]
3. 電話할 때는 말을 공손히 해야 합니다. [ ]
4. 우리 教室은 햇볕이 잘 듭니다. [ ]
5. 그 분은 平時에도 양복을 입습니다. [ ]
6. 農民들은 닭과 소도 키웁니다. [ ]
7. 오늘 우리 先生님께서 광복절에 대해 말씀하셨습니다. [ ]
8. 아버지께서 저에게 좋은 일을 많이 해서 家門을 빛내달라고 하셨습니다. [ ]
9. 動物을 보호합시다. [ ]
10. 일을 해결할 方道가 있습니까? [ ]
11. 날씨가 시원해서 農事 일이 쉽습니다. [ ]
12. 이산과 저산 中間에 무지개가 떴습니다. [ ]
13. 어머니는 每年 김장을 하십니다. [ ]
14. 도시 바깥쪽에는 工場들이 많습니다. [ ]
15. 우리 할머니는 연세가 많아도 여전히 活動하십니다. [ ]
16. 코로나19 때문에 國外여행이 많이 줄었습니다. [ ]
17. 우리 동네는 每月 소독 방역을 합니다. [ ]
18. 철새들이 北方 하늘로 날아갑니다. [ ]
19. 태풍이 분다고 하니 不安합니다. [ ]
20. 고속도로 中間에서 차들이 멈추었습니다. [ ]
21. 요즘 세상에는 男女 차별이 없습니다. [ ]
22. 市場에 가면 생선들이 많습니다. [ ]

2. [문제23~42] 다음 漢字(한자)의 訓(훈:뜻)과 音(음:소리)을 쓰세요.

< 보 기 >
字 → 글자자

23. 食 [ ]	24. 電 [ ]
25. 室 [ ]	26. 事 [ ]
27. 物 [ ]	28. 國 [ ]
29. 教 [ ]	30. 答 [ ]
31. 東 [ ]	32. 農 [ ]
33. 門 [ ]	34. 場 [ ]
35. 氣 [ ]	36. 動 [ ]
37. 軍 [ ]	38. 校 [ ]
39. 弟 [ ]	40. 話 [ ]
41. 空 [ ]	42. 家 [ ]

3. [문제43~44] 다음 밑줄친 漢字語(한자어)를 〈보기〉에서 골라 그 번호를 쓰세요.

< 보 기 >

① 家長　② 姓名
③ 氣道　④ 海上

43. 우리집 <u>가장</u>은 아버지입니다. [　　]
44. 자기의 <u>성명</u>을 한자로 쓰시오. [　　]

4. [문제45~54] 다음 訓(훈:뜻)과 音(음:소리)에 맞는 漢字(한자)를 〈보기〉에서 골라 그 번호를 쓰세요.

< 보 기 >

① 軍　② 場　③ 農　④ 空
⑤ 校　⑥ 電　⑦ 國　⑧ 記
⑨ 間　⑩ 韓

45. 농사농 [　　]　46. 빌　공 [　　]
47. 한국한 [　　]　48. 사이간 [　　]
49. 군사군 [　　]　50. 마당장 [　　]
51. 기록할기 [　　]　52. 학교교 [　　]
53. 번개전 [　　]　54. 나라국 [　　]

5. [문제55~56] 다음 漢字(한자)의 상대 또는 반대되는 漢字(한자)를 〈보기〉에서 골라 그 번호를 쓰세요.

< 보 기 >

① 動　② 後
③ 學　④ 記

55. 前 ⟷ (　　)
56. 敎 ⟷ (　　)

6. [문제57~58] 다음 뜻에 맞는 漢字語(한자어)를 〈보기〉에서 찾아 그 번호를 쓰세요.

< 보 기 >

① 家門　② 門前
③ 左右　④ 上下

57. 문 앞 [　　]
58. 위와 아래 . [　　]

7. [문제59~60] 다음 漢字(한자)에서 진하게 표시한 획은 몇 번째 쓰는지 〈보기〉에서 찾아 그 번호를 쓰세요.

< 보 기 >

① 첫 번째　② 두 번째
③ 세 번째　④ 네 번째
⑤ 다섯 번째　⑥ 여섯 번째
⑦ 일곱 번째　⑧ 여덟 번째
⑨ 아홉 번째　⑩ 열 번째

59. 男 [　　]
60. 氣 [　　]

제9회 한자능력검정시험 7급Ⅱ 예상문제

(社) 한국어문회주관

문 항 수 : 60문항
합격점수 : 42점
제한시간 : 50분

1. [문제1~22] 다음 밑줄친 漢字語(한자어)의 音(음:소리)을 쓰세요.

< 보 기 >
漢字 → 한자

1. 이 집이 우리 할아버지의 生家입니다. [ ]
2. 요즘에는 코로나19에 관한 記事가 신문에 자주 실립니다. [ ]
3. 敎室에서는 떠들면 안됩니다. [ ]
4. 나는 1學年이고 누나는 3학년입니다. [ ]
5. 그 분의 노래를 世人들이 좋아합니다. [ ]
6. 그 분은 예술분야에서 活動하고 계십니다. [ ]
7. 室內에서는 조용히 걸어야 합니다. [ ]
8. 삼촌의 母校는 우리 동네에 있습니다. [ ]
9. 한참 더울때는 電力이 모자랍니다. [ ]
10. 노래자랑 대회에 萬名이 넘게 모였습니다. [ ]
11. 우리가 쓰는 물건은 거의 工場에서 만듭니다. [ ]
12. 이 아파트 正門은 동쪽에 있습니다. [ ]
13. 농사 짓는 사람을 農民이라고 합니다. [ ]
14. 1학년은 午前에 수업을 끝냅니다. [ ]
15. 태풍에 관한 記事가 신문에 실렸습니다. [ ]
16. 우리 담임 先生님은 여자분이십니다. [ ]
17. 이 工場에서 유리를 만듭니다. [ ]
18. 요즘 사회는 男女를 구분하지 않습니다. [ ]
19. 아버지 형제의 자녀들은 나와 四寸 사이입니다. [ ]
20. 이 문제에는 正答이 두 개 있다. [ ]
21. 용감한 國軍들이 나라를 지킵니다. [ ]
22. 그 분은 市場에서 채소를 팝니다. [ ]

2. [문제23~42] 다음 漢字(한자)의 訓(훈:뜻)과 音(음:소리)을 쓰세요.

< 보 기 >
字 → 글자자

23. 安 [ ]
24. 動 [ ]
25. 東 [ ]
26. 南 [ ]
27. 右 [ ]
28. 活 [ ]
29. 食 [ ]
30. 左 [ ]
31. 答 [ ]
32. 八 [ ]
33. 全 [ ]
34. 室 [ ]
35. 足 [ ]
36. 教 [ ]
37. 西 [ ]
38. 電 [ ]
39. 白 [ ]
40. 物 [ ]
41. 每 [ ]
42. 手 [ ]

3. [문제43~44] 다음 밑줄친 漢字語(한자어)를 〈보기〉에서 골라 그 번호를 쓰세요.

< 보 기 >

① 安全 ② 國內
③ 北韓 ④ 南道

43. 일을 빨리 하는 것보다 <u>안전</u>이 중요합니다. [ ]

44. 우리나라는 남한과 <u>북한</u>으로 나뉘어 있습니다. [ ]

4. [문제45~54] 다음 訓(훈:뜻)과 音(음:소리)에 맞는 漢字(한자)를 〈보기〉에서 골라 그 번호를 쓰세요.

< 보 기 >

① 後 ② 姓 ③ 弟 ④ 海
⑤ 江 ⑥ 記 ⑦ 六 ⑧ 寸
⑨ 事 ⑩ 道

45. 길 도 [ ] 46. 여섯륙 [ ]

47. 마디촌 [ ] 48. 일 사 [ ]

49. 기록할기 [ ] 50. 성 성 [ ]

51. 아우제 [ ] 52. 바다해 [ ]

53. 뒤 후 [ ] 54. 강 강 [ ]

5. [문제55~56] 다음 漢字(한자)의 상대 또는 반대되는 漢字(한자)를 〈보기〉에서 골라 그 번호를 쓰세요.

< 보 기 >

① 弟 ② 右
③ 直 ④ 平

55. 兄 ⟷ ( )

56. 左 ⟷ ( )

6. [문제57~58] 다음 뜻에 맞는 漢字語(한자어)를 〈보기〉에서 찾아 그 번호를 쓰세요.

< 보 기 >

① 室內 ② 教室
③ 動力 ④ 自動

57. 방 안 [ ]

58. <u>스스로</u> 움직임 [ ]

7. [문제59~60] 다음 漢字(한자)에서 진하게 표시한 획은 몇 번째 쓰는지 〈보기〉에서 찾아 그 번호를 쓰세요.

< 보 기 >

① 첫 번째 ② 두 번째
③ 세 번째 ④ 네 번째
⑤ 다섯 번째

59. 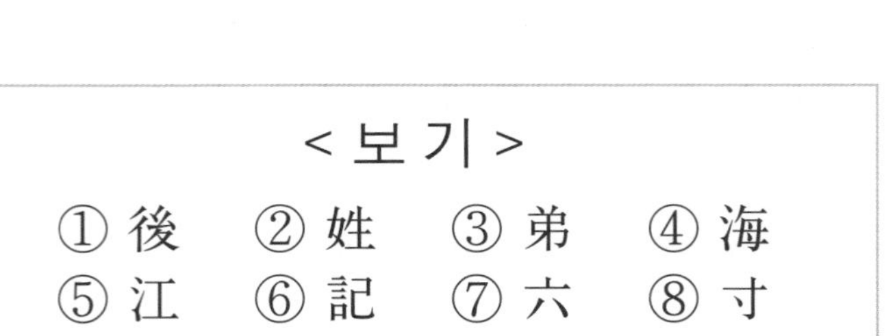 [ ]

60.  [ ]

한자능력 검정시험 7급Ⅱ 기출문제(1~9회)

본 기출 · 예상문제는
한자능력검정시험에 출제되었던 문제를
수험생들에 의해 모아 만든 것입니다.
때문에 실제문제의 내용과 번호가
다소 다를 수 있습니다만 자신의 실제 합격점수대를
예측하는데 큰 도움이 될것입니다.
정답은 81쪽에 있습니다.

제1회 한자능력검정시험 7급 Ⅱ 기출문제

(社) 한국어문회주관

문 항 수 : 60문항
합격점수 : 42점
제한시간 : 50분

※ 수험생들에 의해 재생되었습니다.

1. [문제1~22] 다음 밑줄친 漢字語(한자어)의 音(음:소리)을 쓰세요.

< 보 기 >
漢字 → 한자

1. 저는 이 일에 全力을 다하기로 결심했습니다.
2. 세상의 모든 萬物은 생명을 가지고 있습니다.
3. 황무지를 비옥한 農土로 개간했습니다.
4. 우리는 二月에 겨울 여행을 떠나기로 했습니다.
5. 옛날에는 양반과 平民의 구분이 엄격했습니다.
6. 어제는 四寸 누나와 공원에 갔습니다.
7. 東西 간의 화합은 아주 중요합니다.
8. 空氣의 오염이 심각합니다.
9. 市內에서 난폭 운전을 하면 안됩니다.
10. 잠시 생각할 時間을 좀 주십시오.
11. 차를 타면 安全벨트부터 매는 습관을 들여야 합니다.
12. 지각한 학생이 敎室 뒷문으로 슬며시 들어옵니다.
13. 범인이 自白을 했기 때문에 수사가 끝났습니다.
14. 外家에 가서 할머니를 모셔왔습니다.
15. 열차의 운행 중에 下車를 하면 위험합니다.
16. 軍民이 함께 재해구조에 나섰습니다.
17. 감기약을 食後에 먹었습니다.
18. 요즘 외국에 韓食 식당이 늘어나고 있습니다.
19. 그녀는 上氣된 얼굴로 다가왔습니다.
20. 동수는 일 學年 중에서 키가 제일 큽니다.
21. 校長 선생님이 학부모와 면담하고 계십니다.
22. 자연을 보호하고 그 속의 動物들도 보호합시다.

2. [문제23~42] 다음 漢字(한자)의 訓(훈:뜻)과 音(음:소리)을 쓰세요.

< 보 기 >
漢 → 한나라한

23. 答
24. 間
25. 力
26. 萬
27. 白
28. 室
29. 場
30. 母
31. 時
32. 直
33. 記
34. 國
35. 農
36. 方
37. 後
38. 江
39. 韓
40. 市
41. 活
42. 姓

3. [문제43~44] 다음 밑줄친 漢字語(한자어)를 〈보기〉에서 골라 그 번호를 쓰세요.

< 보 기 >

① 三寸　　② 人物
③ 事前　　④ 李世

43. 이번에는 사전에 철저하게 준비하기로 했습니다.

44. 이 책에 나오는 인물에게 하고 싶은 말이 있습니다.

4. [문제45~54] 다음 訓(훈:뜻)과 音(음:소리)에 맞는 漢字(한자)를 〈보기〉에서 골라 그 번호를 쓰세요.

< 보 기 >

① 六　② 民　③ 場　④ 三
⑤ 九　⑥ 答　⑦ 工　⑧ 全
⑨ 車　⑩ 北

45. 북녘북　　46. 아홉구

47. 석 삼　　48. 수레거

49. 백성민　　50. 마당장

51. 여섯륙　　52. 대답답

53. 장인공　　54. 온전전

5. [문제55~56] 다음 漢字(한자)의 상대 또는 반대되는 漢字(한자)를 〈보기〉에서 골라 그 번호를 쓰세요.

< 보 기 >

① 軍　　② 北
③ 女　　④ 前

55. 男 ⟷ (　　　)

56. 南 ⟷ (　　　)

6. [문제57~58] 다음 뜻에 맞는 漢字語(한자어)를 〈보기〉에서 찾아 그 번호를 쓰세요.

< 보 기 >

① 空中　　② 六月
③ 平年　　④ 東方

57. 풍년도 흉년도 아닌 보통 수확을 올린해

58. 일년 가운데 여섯째달

7. [문제59~60] 다음 漢字(한자)에서 진하게 표시한 획은 몇 번째 쓰는지 〈보기〉에서 찾아 그 번호를 쓰세요.

< 보 기 >

① 첫 번째　　② 두 번째
③ 세 번째　　④ 네 번째
⑤ 다섯 번째　　⑥ 여섯 번째
⑦ 일곱 번째　　⑧ 여덟 번째
⑨ 아홉 번째　　⑩ 열 번째
⑪ 열한번째

59. 電

60. 

제2회 한자능력검정시험 7급Ⅱ 기출문제

(社) 한국어문회주관

문 항 수 : 60문항
합격점수 : 42점
제한시간 : 50분

※ 수험생들에 의해 재생되었습니다.

1. [문제1~22] 다음 밑줄친 漢字語(한자어)의 音(음:소리)을 쓰세요.

< 보 기 >
漢字 → 한자

1. 챔피언이 등장하자 場內에 환호성이 울려 퍼집니다.
2. 주말 農場에서 많은 채소를 기릅니다.
3. 이 글은 그분이 적은 手記입니다.
4. 木手 아저씨가 새 집을 짓습니다.
5. 그 집 딸은 이름난 孝女라고 소문이 자자합니다.
6. 不安에 떨었을 아이들을 생각하니 미안한 마음이 듭니다.
7. 거실이 좁은데도 空間을 활용하여 가구를 배치합니다.
8. 도시에서 시골로 돌아가 農事를 짓는 사람이 많아졌습니다.
9. 아버지는 火力 발전소에서 근무하십니다.
10. 사고를 방지하려면 정기적으로 安全 점검을 해야 합니다.
11. 설악산은 우리나라의 대표적인 名山입니다.
12. 뜻이 있는 靑年들이 모여 마을 주변에 꽃을 심었습니다.
13. 새로운 國家의 건설을 위하여 노력합니다.
14. 이 世上에서 무서울 것은 하나도 없다.
15. 萬一을 대비하여 비상 약을 챙깁시다.
16. 이 세상에는 희귀한 動物들이 많다.
17. 외가집이 있는 마을은 四方이 산으로 둘러싸여 있습니다.
18. 내일 午後에 어머니와 시장에 가기로 했습니다.
19. 학생들은 校長 선생님을 몹시 어려워하였습니다.
20. 매연 때문에 空氣가 많이 오염되었습니다.
21. 범인은 죄를 自白하였습니다.
22. 父母님에게는 항상 감사하는 마음을 가져야 한다.

2. [문제23~42] 다음 漢字(한자)의 訓(훈:뜻)과 音(음:소리)을 쓰세요.

< 보 기 >
漢 → 한나라한

23. 弟
24. 直
25. 前
26. 家
27. 右
28. 每
29. 記
30. 道
31. 南
32. 江
33. 名
34. 學
35. 答
36. 午
37. 自
38. 長
39. 男
40. 室
41. 東
42. 王

3. [문제43~44] 다음 밑줄친 漢字語(한자어)를 〈보기〉에서 골라 그 번호를 쓰세요.

< 보 기 >

① 水中 ② 十月
③ 大事 ④ 左右

43. 길을 건널때는 <u>좌우</u>를 잘 살펴서 건너야 합니다.

44. 집 안에 <u>대사</u>가 있어서 손님들이 모였습니다.

4. [문제45~54] 다음 訓(훈:뜻)과 音(음:소리)에 맞는 漢字(한자)를 〈보기〉에서 골라 그 번호를 쓰세요.

< 보 기 >

① 母 ② 十 ③ 男 ④ 家
⑤ 外 ⑥ 土 ⑦ 活 ⑧ 門
⑨ 足 ⑩ 答

45. 집 가 46. 대답답
47. 흙 토 48. 열 십
49. 살 활 50. 어미모
51. 사내남 52. 문 문
53. 바깥외 54. 발 족

5. [문제55~56] 다음 漢字(한자)의 상대 또는 반대되는 漢字(한자)를 〈보기〉에서 골라 그 번호를 쓰세요.

< 보 기 >

① 手 ② 下
③ 內 ④ 八

55. (   ) ⟷ 外
56. (   ) ⟷ 足

6. [문제57~58] 다음 뜻에 맞는 漢字語(한자어)를 〈보기〉에서 찾아 그 번호를 쓰세요.

< 보 기 >

① 南門 ② 東門
③ 食事 ④ 韓食

57. 동쪽에 있는 문
58. 우리나라 전통적인 음식이나 식사

7. [문제59~60] 다음 漢字(한자)에서 진하게 표시한 획은 몇 번째 쓰는지 〈보기〉에서 찾아 그 번호를 쓰세요.

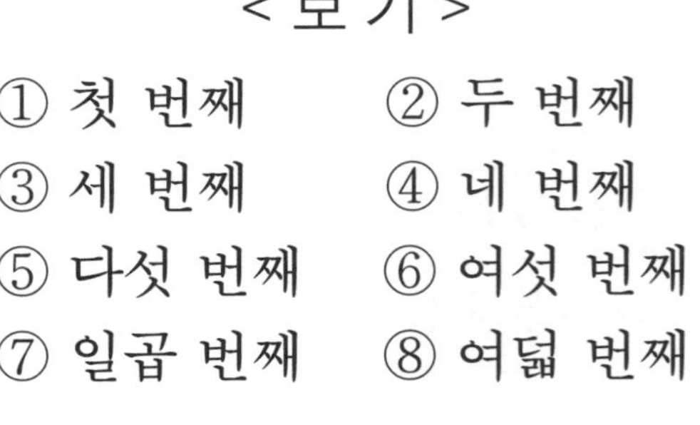

< 보 기 >

① 첫 번째 ② 두 번째
③ 세 번째 ④ 네 번째
⑤ 다섯 번째 ⑥ 여섯 번째
⑦ 일곱 번째 ⑧ 여덟 번째

59. 金

60. 食

제3회 한자능력검정시험 7급Ⅱ 기출문제

(社) 한국어문회주관

문 항 수 : 60문항
합격점수 : 42점
제한시간 : 50분

※ 수험생들에 의해 재생되었습니다.

1. [문제1~22] 다음 밑줄친 漢字語(한자어)의 音(음:소리)을 쓰세요.

< 보 기 >
漢字 → 한자

1. 이 가게는 平日보다 주말에 손님이 많습니다.
2. 우리의 건강을 위해 항상 教室을 깨끗이 해야 합니다.
3. 조기는 西海에서 많이 잡힙니다.
4. 이순신 장군은 水軍을 이끌고 전쟁에 나갔습니다.
5. 훌륭한 지도자는 世上 사람들 모두에게 칭송을 받습니다.
6. 이번 일은 平生을 두고 잊지 못할 것입니다.
7. 요즘은 生水를 돈을 주고 사 먹는 사람이 많습니다.
8. 그 아파트는 지금 한창 工事가 진행되고 있습니다.
9. 자동차가 人道를 침범해서는 안됩니다.
10. 저는 자기 전에 日記를 씁니다.
11. 空氣 오염에 대한 대책이 시급히 요청됩니다.
12. 자연환경은 後世에 물려줄 인류의 재산입니다.
13. 선생님께서 姓名을 부르십니다.
14. 도중에 左右 두 갈래의 길이 있습니다.
15. 아버지는 항상 正直하게 살라고 말씀하셨습니다.
16. 校外 활동을 통해 심신을 단련할 수 있습니다.
17. 우리 식당은 음식 값을 先金으로 내야 합니다.
18. 漢江은 서울의 중심을 흐르는 강입니다.
19. 6월이면 시골에서는 벼 農事 짓기가 한창입니다.
20. 태풍이 다가오니 마음이 不安합니다.
21. 어떤 전문 분야에서 이름이 난 집을 名家라고 합니다.
22. 갑자기 電氣가 나가자 아버지는 촛불을 밝히셨습니다.

2. [문제23~42] 다음 漢字(한자)의 訓(훈:뜻)과 音(음:소리)을 쓰세요.

< 보 기 >
漢 → 한나라한

23. 氣
24. 學
25. 場
26. 間
27. 直
28. 電
29. 軍
30. 答
31. 世
32. 手
33. 姓
34. 兄
35. 物
36. 名
37. 教
38. 東
39. 空
40. 青
41. 動
42. 立

3. [문제43~44] 다음 밑줄친 漢字語(한자어)를 〈보기〉에서 골라 그 번호를 쓰세요.

< 보 기 >

① 男女　　② 時間
③ 九時　　④ 直立

43. 인류가 다른 동물과 구별되는 점은 <u>직립</u>한다는 것이다.
44. 길이 멀어서 <u>시간</u>이 많이 걸립니다.

4. [문제45~54] 다음 訓(훈:뜻)과 音(음:소리)에 맞는 漢字(한자)를 〈보기〉에서 골라 그 번호를 쓰세요.

< 보 기 >

① 話　② 韓　③ 六　④ 王
⑤ 間　⑥ 土　⑦ 南　⑧ 孝
⑨ 場　⑩ 方

45. 남녘남　　46. 사이간
47. 임금왕　　48. 모　방
49. 효도효　　50. 여섯륙
51. 말씀화　　52. 마당장
53. 흙　토　　54. 한국한

5. [문제55~56] 다음 漢字(한자)의 상대 또는 반대되는 漢字(한자)를 〈보기〉에서 골라 그 번호를 쓰세요.

< 보 기 >

① 右　　② 家
③ 下　　④ 工

55. 上 ⟷ (　　　)
56. 左 ⟷ (　　　)

6. [문제57~58] 다음 뜻에 맞는 漢字語(한자어)를 〈보기〉에서 찾아 그 번호를 쓰세요.

< 보 기 >

① 東西　　② 日月
③ 左右　　④ 內外

57. 해와 달, 세월
58. 왼쪽과 오른쪽

7. [문제59~60] 다음 漢字(한자)에서 진하게 표시한 획은 몇 번째 쓰는지 〈보기〉에서 찾아 그 번호를 쓰세요.

< 보 기 >

① 첫 번째　　② 두 번째
③ 세 번째　　④ 네 번째
⑤ 다섯 번째　⑥ 여섯 번째
⑦ 일곱 번째　⑧ 여덟 번째

59. 孝

60. 平

제4회 한자능력검정시험 7급 Ⅱ 기출문제

(社) 한국어문회주관

문 항 수 : 60문항
합격점수 : 42점
제한시간 : 50分

1. [문제1~22] 다음 밑줄친 漢字語(한자어)의 音(음:소리)을 쓰세요.

< 보 기 >
漢字 → 한자

1. 내 친구는 時間을 잘 사용합니다.
2. 우리 집의 암탉은 每日 한 개씩 알을 낳습니다.
3. 先生님으로부터 칭찬을 받아서 매우 기쁩니다.
4. 그는 의료 봉사 活動을 합니다.
5. 말을 못하는 장애인은 手話로 알아 듣습니다.
6. 이 건물은 市立도서관입니다.
7. 우리나라의 아름다운 江山을 보호 합시다.
8. 이 사업에 全力을 다할 예정입니다.
9. 동물원에 많은 動物들이 살고 있습니다.
10. 電話할 때에는 용건만 간단히 합니다.
11. 우리 學校의 교화는 무궁화입니다.
12. 비가 오지 않아 農民들이 시름에 빠져 있습니다.
13. 우리는 한 겨레, 한 兄弟입니다.
14. 명성황후는 國母의 대표적 인물입니다.
15. 지구의 기온이 每年 조금씩 상승하고 있습니다.
16. 그녀는 젊은 시절의 不孝를 크게 뉘우칩니다.
17. 정직하고 예절 바른 生活을 합니다.
18. 종료 直前에 던진 슛이 그대로 골인 되었습니다.
19. 무더운 여름이 되면 電力 부족이 생길 수 있습니다.
20. 어릴 때 軍人 아저씨께 위문편지를 썼습니다.
21. 월드컵으로 東西가 하나가 되었습니다.
22. 큰 형은 市內버스를 타고 회사에 다닙니다.

2. [문제23~42] 다음 漢字(한자)의 訓(훈:뜻)과 音(음:소리)을 쓰세요.

< 보 기 >
漢 → 한나라한

23. 電
24. 話
25. 王
26. 白
27. 男
28. 全
29. 軍
30. 記
31. 長
32. 青
33. 後
34. 先
35. 校
36. 車
37. 場
38. 每
39. 不
40. 教
41. 母
42. 間

3. [문제43~44] 다음 밑줄친 漢字語(한자어)를 〈보기〉에서 골라 그 번호를 쓰세요.

< 보 기 >
① 學校 ② 敎室
③ 萬物 ④ 二重

43. 교실에서 조용히 책을 읽습니다.

44. 인간은 만물의 영장입니다.

4. [문제45~54] 다음 訓(훈:뜻)과 音(음:소리)에 맞는 漢字(한자)를 〈보기〉에서 골라 그 번호를 쓰세요.

< 보 기 >
① 直 ② 弟 ③ 姓 ④ 話
⑤ 兄 ⑥ 答 ⑦ 十 ⑧ 九
⑨ 江 ⑩ 上

45. 대답답　　46. 열　십

47. 강　강　　48. 위　상

49. 말씀화　　50. 형　형

51. 곧을직　　52. 아홉구

53. 성　성　　54. 아우제

5. [문제55~56] 다음 漢字(한자)의 상대 또는 반대되는 漢字(한자)를 〈보기〉에서 골라 그 번호를 쓰세요.

< 보 기 >
① 男 ② 大
③ 中 ④ 寸

55. (　　　) ⟷ 小

56. (　　　) ⟷ 女

6. [문제57~58] 다음 뜻에 맞는 漢字語(한자어)를 〈보기〉에서 찾아 그 번호를 쓰세요.

< 보 기 >
① 北山 ② 大家
③ 大道 ④ 青山

57. 풀과 나무가 무성한 푸른산

58. 큰길, 사람이 지켜야 할 도리

7. [문제59~60] 다음 漢字(한자)에서 진하게 표시한 획은 몇 번째 쓰는지 〈보기〉에서 찾아 그 번호를 쓰세요.

< 보 기 >
① 첫 번째 ② 두 번째
③ 세 번째 ④ 네 번째
⑤ 다섯 번째 ⑥ 여섯 번째
⑦ 일곱 번째 ⑧ 여덟 번째
⑨ 아홉 번째 ⑩ 열 번째
⑪ 열한번째

59. 

60. 氣

제5회 한자능력검정시험 7급 Ⅱ 기출문제

(社) 한국어문회주관

문 항 수 : 60문항
합격점수 : 42점
제한시간 : 50분

1. [문제1~22] 다음 밑줄친 漢字語(한자어)의 音(음:소리)을 쓰세요.

< 보 기 >
漢字 → 한자

1. 이 글은 제가 적은 日記입니다.
2. 등하교 때 安全에 신경 써야 합니다.
3. 大門을 열고 밖으로 나갔습니다.
4. 우리는 學校에서 열심히 공부를 합니다.
5. 동수도 어느덧 건장한 靑年이 되었습니다.
6. 前方에서 복무하는 군인들은 추워하고도 싸워야 합니다.
7. 범인은 自白을 했기 때문에 수사가 빨리 끝났습니다.
8. 이 집은 자개 공예에 있어서는 名家로 통합니다.
9. 부모들은 장남과 長女에 대한 기대가 큽니다.
10. 도로에 工事가 한창입니다.
11. 진학 문제로 先生님과 상담하였습니다.
12. 하늘에 먹구름이 몰려와 비가 오기 直前입니다.
13. 삼촌이 空軍에 입대하였습니다.
14. 저의 친구는 人氣가 많습니다.
15. 영수는 싫다고 고개를 左右로 흔들었습니다.
16. 언니는 새로운 직장 生活에 잘 적응하고 있습니다.
17. 할아버지는 거친 땅을 農土로 가꾸셨습니다.
18. 시계가 正午를 가리킵니다.
19. 율곡은 外家인 강릉에서 태어났습니다.
20. 이 그림을 그린 사람은 姓名이 없습니다.
21. 저는 다섯 兄弟 중의 셋째입니다.
22. 저는 每日 일기를 씁니다.

2. [문제23~42] 다음 漢字(한자)의 訓(훈:뜻)과 音(음:소리)을 쓰세요.

< 보 기 >
字 → 글자자

23. 農	24. 海
25. 車	26. 事
27. 直	28. 下
29. 安	30. 女
31. 室	32. 動
33. 姓	34. 電
35. 母	36. 左
37. 右	38. 先
39. 食	40. 六
41. 西	42. 白

3. [문제43~44] 다음 밑줄친 漢字語(한자어)를 〈보기〉에서 골라 그 번호를 쓰세요.

< 보 기 >

① 道立　② 海軍
③ 道場　④ 空軍

43. 나는 학교가 끝나고 태권도 <u>도장</u>에 갑니다.

44. 삼촌이 <u>해군</u>에 입대했습니다.

4. [문제45~54] 다음 訓(훈:뜻)과 音(음:소리)에 맞는 漢字(한자)를 〈보기〉에서 골라 그 번호를 쓰세요.

< 보 기 >

① 十　② 答　③ 電　④ 右
⑤ 西　⑥ 車　⑦ 韓　⑧ 不
⑨ 先　⑩ 金

45. 아닐불　46. 쇠금/성김

47. 수레거/차차　48. 먼저선

49. 열　십　50. 번개전

51. 대답답　52. 한국/나라한

53. 오른우　54. 서녘서

5. [문제55~56] 다음 漢字(한자)의 상대 또는 반대되는 漢字(한자)를 〈보기〉에서 골라 그 번호를 쓰세요.

< 보 기 >

① 子　② 外
③ 兄　④ 學

55. 父　⟷　(　　　)

56. 內　⟷　(　　　)

6. [문제57~58] 다음 뜻에 맞는 漢字語(한자어)를 〈보기〉에서 찾아 그 번호를 쓰세요.

< 보 기 >

① 生物　② 正午
③ 生食　④ 子正

57. 낮 12시

58. 익히지 않고 날로 먹음

7. [문제59~60] 다음 漢字(한자)에서 진하게 표시한 획은 몇 번째 쓰는지 〈보기〉에서 찾아 그 번호를 쓰세요.

< 보 기 >

① 첫 번째　② 두 번째
③ 세 번째　④ 네 번째
⑤ 다섯 번째　⑥ 여섯 번째
⑦ 일곱 번째　⑧ 여덟 번째
⑨ 아홉 번째　⑩ 열 번째

59. 活

60. 前

제6회 한자능력검정시험 7급 Ⅱ 기출문제

(社) 한국어문회주관

문 항 수 : 60문항
합격점수 : 42점
제한시간 : 50분

1. [문제1~22] 다음 밑줄친 漢字語(한자어)의 音(음:소리)을 쓰세요.

< 보 기 >
漢字 → 한자

1. 民家에 들러 도움을 청했습니다.
2. 선생님과 學生들이 교실에서 수업을 합니다.
3. 이 문제에는 正答이 따로 없습니다.
4. 나는 오늘 교회에 五萬원을 헌금했습니다.
5. 버스 요금이 인상되자 市民들의 불만이 커졌습니다.
6. 토요일마다 양로원에 가서 봉사 活動을 합니다.
7. 아름다운 江山을 보호하는 것은 국민의 의무입니다.
8. 약속이 午後로 연기되었습니다.
9. 우리는 함께 教室을 청소합니다.
10. 차가운 北西풍이 불면서 해안 지역에 눈구름을 만듭니다.
11. 백두산 천지는 火山 폭발로 생긴 화구호입니다.
12. 이번 여름에 電力 소비량이 급격히 증가했습니다.
13. 食事를 방금 끝냈습니다.
14. 兄弟끼리 사이좋게 지내야 합니다.
15. 나는 三寸과 함께 도서관에 갔습니다.
16. 편지 봉투에 받는 사람의 주소와 姓名이 적혀 있지 않았습니다.
17. 전 세계적으로 韓食이 유행한다고 합니다.
18. 그 집 딸은 둘도 없는 孝女라고 평판이 나 있습니다.
19. 문제를 푸는 데 시간이 不足합니다.
20. 우리 父女를 보살펴 주신 은혜는 영원히 못 잊을 겁니다.
21. 每年 여름에 여행을 떠납니다.
22. 어머니는 요즘 주부 大學에 다니십니다.

2. [문제23~42] 다음 漢字(한자)의 訓(훈:뜻)과 音(음:소리)을 쓰세요.

< 보 기 >
字 → 글자자

23. 東	24. 每
25. 立	26. 內
27. 長	28. 外
29. 民	30. 軍
31. 萬	32. 山
33. 四	34. 白
35. 母	36. 室
37. 寸	38. 西
39. 方	40. 食
41. 平	42. 足

3. [문제43~44] 다음 밑줄친 漢字語(한자어)를 〈보기〉에서 골라 그 번호를 쓰세요.

< 보 기 >

① 青海　② 王子
③ 正答　④ 江水

43. 비가 많이 와서 <u>강수</u>가 많아졌습니다.

44. 나는 <u>정답</u>을 모두 맞추었습니다.

4. [문제45~54] 다음 訓(훈:뜻)과 音(음:소리)에 맞는 漢字(한자)를 〈보기〉에서 골라 그 번호를 쓰세요.

< 보 기 >

① 農　② 年　③ 方　④ 外
⑤ 物　⑥ 金　⑦ 男　⑧ 家
⑨ 小　⑩ 王

45. 작을소　46. 집　가

47. 임금왕　48. 물건물

49. 바깥외　50. 모　방

51. 해　년　52. 농사농

53. 쇠금/성김　54. 사내남

5. [문제55~56] 다음 漢字(한자)의 상대 또는 반대되는 漢字(한자)를 〈보기〉에서 골라 그 번호를 쓰세요.

< 보 기 >

① 手　② 水
③ 下　④ 內

55. (　　　) ⟷ 足

56. (　　　) ⟷ 外

6. [문제57~58] 다음 뜻에 맞는 漢字語(한자어)를 〈보기〉에서 찾아 그 번호를 쓰세요.

< 보 기 >

① 國內　② 空間
③ 中立　④ 市場

57. 아무것도 없는 빈 곳

58. 어느 편에도 치우치지 **아**니하고 공정하게 처신함

7. [문제59~60] 다음 漢字(한자)에서 진하게 표시한 획은 몇 번째 쓰는지 〈보기〉에서 찾아 그 번호를 쓰세요.

< 보 기 >

① 첫 번째　② 두 번째
③ 세 번째　④ 네 번째
⑤ 다섯 번째　⑥ 여섯 번째
⑦ 일곱 번째　⑧ 여덟 번째

59. 姓

60. 男

제7회 한자능력검정시험 7급 Ⅱ 기출문제

(社) 한국어문회주관

문 항 수 : 60문항
합격점수 : 42점
제한시간 : 50분

1. [문제1~22] 다음 밑줄친 漢字語(한자어)의 音(음:소리)을 쓰세요.

< 보 기 >
漢字 → 한자

1. 우리 모교는 야구 <u>名門</u>으로 널리 알려져 있습니다.
2. 예전부터 <u>木工</u>일을 배우고 싶었습니다.
3. 어릴 때 <u>三寸</u>이 잘 놀아 주었습니다.
4. 주말마다 봉사 <u>活動</u>을 합니다.
5. 오늘은 <u>國立</u> 도서관에 견학을 가는 날입니다.
6. 장수들은 배를 만드는 <u>木手</u>들을 불러 모았습니다.
7. 영국은 <u>國王</u>이 존재하는 나라입니다.
8. 경보가 울리면 <u>安全</u>한 곳으로 대피합니다.
9. 우리의 <u>江土</u>를 사랑하고 보호해야 합니다.
10. 주말에 <u>漢江</u> 유람선을 타고 놀았습니다.
11. 모든 학생들이 <u>正答</u>을 맞추었습니다.
12. 학교 <u>正門</u>에 상징탑이 세워져 있습니다.
13. 그 <u>工場</u>은 생산 시설이 자동화되었습니다.
14. 부모를 잘 섬기는 도리를 <u>孝道</u>라고 합니다.
15. <u>人間</u>은 만물의 영장입니다.
16. 어릴 때부터 <u>日記</u>를 쓰는 습관을 가져야 합니다.
17. 자주 <u>電話</u>로 안부를 묻습니다.
18. 저의 이모는 <u>大學</u>생입니다.
19. 의사는 약을 <u>食前</u>에 먹으라고 하였습니다.
20. 누나는 집의 도움 없이 <u>自力</u>으로 대학을 졸업했습니다.
21. <u>父子</u>가 참 많이 닮았습니다.
22. 할아버지는 <u>每事</u>에 빈틈이 없으십니다.

2. [문제23~42] 다음 漢字(한자)의 訓(훈:뜻)과 音(음:소리)을 쓰세요.

< 보 기 >
字 → 글자자

23. 青	24. 北
25. 金	26. 方
27. 姓	28. 八
29. 海	30. 事
31. 安	32. 先
33. 火	34. 記
35. 民	36. 電
37. 氣	38. 右
39. 左	40. 長
41. 市	42. 話

3. [문제43~44] 다음 밑줄친 漢字語(한자어)를 〈보기〉에서 골라 그 번호를 쓰세요.

< 보 기 >

① 孝子 ② 兄弟
③ 家長 ④ 南北

43. <u>형제</u>간은 우애가 있어야 합니다.

44. 평창 올림픽때 처럼 <u>남북</u>이 하나가 되었으면 좋겠습니다.

4. [문제45~54] 다음 訓(훈:뜻)과 音(음:소리)에 맞는 漢字(한자)를 〈보기〉에서 골라 그 번호를 쓰세요.

< 보 기 >

① 萬 ② 九 ③ 每 ④ 四
⑤ 三 ⑥ 間 ⑦ 西 ⑧ 室
⑨ 下 ⑩ 市

45. 서녘서 46. 사이간

47. 넉 사 48. 석 삼

49. 아래하 50. 집 실

51. 일만만 52. 저자시

53. 아홉구 54. 매양매

5. [문제55~56] 다음 漢字(한자)의 상대 또는 반대되는 漢字(한자)를 〈보기〉에서 골라 그 번호를 쓰세요.

< 보 기 >

① 弟 ② 大
③ 長 ④ 萬

55. 兄 ⟷ (   )

56. (   ) ⟷ 小

6. [문제57~58] 다음 뜻에 맞는 漢字語(한자어)를 〈보기〉에서 찾아 그 번호를 쓰세요.

< 보 기 >

① 校外 ② 電動
③ 大食 ④ 室內

57. 방이나 건물의 안

58. 전기로 움직임

7. [문제59~60] 다음 漢字(한자)에서 진하게 표시한 획은 몇 번째 쓰는지 〈보기〉에서 찾아 그 번호를 쓰세요.

< 보 기 >

① 첫 번째 ② 두 번째
③ 세 번째 ④ 네 번째
⑤ 다섯 번째 ⑥ 여섯 번째
⑦ 일곱 번째 ⑧ 여덟 번째
⑨ 아홉 번째 ⑩ 열 번째

59. 物

60. 軍

제8회 한자능력검정시험 7급Ⅱ 기출문제

(社) 한국어문회주관

문 항 수 : 60문항
합격점수 : 42점
제한시간 : 50분

1. [문제1~22] 다음 밑줄친 漢字語(한자어)의 音(음:소리)을 쓰세요.

< 보 기 >
漢字 → 한자

1. 市場에는 사람들이 넘쳐났다.
2. 그는 살을 빼려고 間食을 전혀 먹지 않는다.
3. 나는 每日 한자를 한 자씩 익힌다.
4. 그는 우리 동네에서 孝子로 유명하다.
5. 그는 훌륭한 家長이 되려고 노력했다.
6. 그는 자기 姓을 한자로 써서 벽에 걸어 놓았다.
7. 장작을 넣었더니 火力이 두 배로 세졌다.
8. 오늘 여기서 南北의 화합을 돕는 행사가 열린다.
9. 그는 動物을 관찰하는 것을 좋아한다.
10. 나는 당당하게 건물 正門으로 들어갔다.
11. 萬一 비가 오면 모든 경기는 취소된다.
12. 이 世上에서 우리 엄마가 제일 좋다.
13. 추운 날은 감기 걸릴까 봐 따뜻한 室內에서만 지냈다.
14. 그는 農民을 위한 정책을 많이 제안했다.
15. 事後에 욕을 먹지 않도록 조심했다.
16. 사람은 直立을 한 후에 손을 자유롭게 쓰게 되었다.
17. 靑年들의 사기가 떨어지지 않도록 해야 한다.
18. 대통령은 전쟁이 나자 全軍을 동원했다.
19. 우리는 그 집안의 平安을 빌어 주었다.
20. 이 글이야말로 名答이다.
21. 여름에 특히 電氣를 아껴 써야 한다.
22. 下校하는 길에 우연히 초등학교 동창을 만났다.

2. [문제23~42] 다음 漢字(한자)의 訓(훈:뜻)과 音(음:소리)을 쓰세요.

< 보 기 >
字 → 글자자

23. 八
24. 父
25. 自
26. 生
27. 方
28. 水
29. 寸
30. 話
31. 活
32. 右
33. 五
34. 道
35. 海
36. 木
37. 外
38. 中
39. 時
40. 左
41. 九
42. 金

3. [문제43~44] 다음 밑줄친 漢字語(한자어)를 〈보기〉에서 골라 그 번호를 쓰세요.

< 보 기 >
① 手工 ② 兄弟
③ 西山 ④ 不足

43. 그들은 <u>형제</u> 간의 우애가 깊었다.

44. 그녀는 돈이 <u>부족</u>해서 사업을 접었다.

4. [문제45~54] 다음 訓(훈:뜻)과 音(음:소리)에 맞는 漢字(한자)를 〈보기〉에서 골라 그 번호를 쓰세요.

< 보 기 >
① 記 ② 月 ③ 四 ④ 東
⑤ 先 ⑥ 王 ⑦ 人 ⑧ 韓
⑨ 江 ⑩ 土

45. 달 월　　46. 사람인

47. 먼저선　　48. 동녘동

49. 기록할기　　50. 넉 사

51. 흙 토　　52. 한국한

53. 강 강　　54. 임금왕

5. [문제55~56] 다음 漢字(한자)의 상대 또는 반대되는 漢字(한자)를 〈보기〉에서 골라 그 번호를 쓰세요.

< 보 기 >
① 空 ② 學
③ 大 ④ 白

55. 教 ⟷ (　　　)

56. (　　　) ⟷ 小

6. [문제57~58] 다음 뜻에 맞는 漢字語(한자어)를 〈보기〉에서 찾아 그 번호를 쓰세요.

< 보 기 >
① 母女 ② 三國
③ 午前 ④ 六十

57. 엄마와 딸

58. 낮 12시 이전

7. [문제59~60] 다음 漢字(한자)에서 진하게 표시한 획은 몇 번째 쓰는지 〈보기〉에서 찾아 그 번호를 쓰세요.

< 보 기 >
① 첫 번째 ② 두 번째
③ 세 번째 ④ 네 번째
⑤ 다섯 번째 ⑥ 여섯 번째
⑦ 일곱 번째

59. 男

60. 車

제9회 한자능력검정시험 7급 II 기출문제

(社) 한국어문회주관

문 항 수 : 60문항
합격점수 : 42점
제한시간 : 50분

1. [문제1~22] 다음 밑줄친 漢字語(한자어)의 音(음:소리)을 쓰세요.

< 보 기 >
漢字 → 한자

1. 이 우물이 食水로 사용이 가능한지 알아보기로 했습니다.
2. 미술관에 가기 위해서는 이번 역에서 下車하면 됩니다.
3. 작은 아버지는 空軍 부사관으로 복무하고 계십니다.
4. 돌담 左右로 풀꽃들이 피어나기 시작했습니다.
5. 이번 주말에는 동생과 室內 놀이를 하기로 했습니다.
6. 이 마을 사람들은 갯벌을 메워 農土를 늘려갔습니다.
7. 우리는 연극 무대 앞 中間쯤에 자리를 잡았습니다.
8. 지난 七月에는 우리가 사는 동네에도 많은 비가 내렸습니다.
9. 우리 江山에 피어나는 들풀들을 소개해 주셨습니다.
10. 1校時에는 우리가 사는 마을의 지도를 그려 보기로 했습니다.
11. 하루 동안 있었던 일과 생각을 日記장에 적어봅니다.
12. 우리 반 친구들 모두 安全하게 돌다리를 건넜습니다.
13. 건강을 위해 규칙적인 生活을 하기로 했습니다.
14. 이 공원은 많은 市民들이 쉬러 오는 곳입니다.
15. 每年 이맘때쯤엔 여러 가지 나물을 보내주십니다.
16. 겨울이 시작되자 아침 大氣가 제법 싸늘해졌습니다.
17. 옆집에 사시는 木手 아저씨께서 의자를 만들어 주셨습니다.
18. 아직 不足한 부분은 마저 채워 나가도록 하겠습니다.
19. 시골에 계신 할아버지께 電話를 드렸습니다.
20. 오늘 午後부터는 많은 눈이 내린다고 합니다.
21. 여기까지 오는데 걸어서 四十분 정도 걸렸습니다.
22. 아버지는 工場에서 기계를 다루는 일을 하십니다.

2. [문제23~42] 다음 漢字(한자)의 訓(훈:뜻)과 音(음:소리)을 쓰세요.

< 보 기 >
字 → 글자자

23. 直	24. 五
25. 先	26. 正
27. 姓	28. 動
29. 名	30. 家
31. 孝	32. 力
33. 敎	34. 長
35. 答	36. 海
37. 學	38. 父
39. 上	40. 小
41. 靑	42. 白

3. [문제43~44] 다음 밑줄친 漢字語(한자어)를 〈보기〉에서 골라 그 번호를 쓰세요.

< 보 기 >

① 人物　② 三寸
③ 事前　④ 二世

43. 이번에는 <u>사전</u>에 철저하게 준비를 하기로 했습니다.

44. 이 책에 나오는 <u>인물</u>에게 하고 싶은 말을 적어 봅시다.

4. [문제45~54] 다음 訓(훈:뜻)과 音(음:소리)에 맞는 漢字(한자)를 〈보기〉에서 골라 그 번호를 쓰세요.

< 보 기 >

① 火　② 九　③ 萬　④ 八
⑤ 男　⑥ 金　⑦ 東　⑧ 六
⑨ 外　⑩ 平

45. 불　화　　46. 쇠금/성(姓)김

47. 평평할평　　48. 동녘동

49. 여섯륙　　50. 아홉구

51. 일만만　　52. 여덟팔

53. 바깥외　　54. 사내남

5. [문제55~56] 다음 漢字(한자)의 상대 또는 반대되는 漢字(한자)를 〈보기〉에서 골라 그 번호를 쓰세요.

< 보 기 >

① 西　② 兄
③ 南　④ 母

55. 弟 ⟷ (　　　)

56. (　　　) ⟷ 北

6. [문제57~58] 다음 뜻에 맞는 漢字語(한자어)를 〈보기〉에서 찾아 그 번호를 쓰세요.

< 보 기 >

① 自立　② 王子
③ 韓國　④ 方道

57. 어떤 일을 하거나 문제를 풀어가기 위한 방법과 도리

58. 남에게 예속되거나 의지하지 아니하고 <u>스스로</u> 섬

7. [문제59~60] 다음 漢字(한자)에서 진하게 표시한 획은 몇 번째 쓰는지 〈보기〉에서 찾아 그 번호를 쓰세요.

< 보 기 >

① 첫 번째　② 두 번째
③ 세 번째　④ 네 번째
⑤ 다섯 번째　⑥ 여섯 번째
⑦ 일곱 번째　⑧ 여덟 번째

59. 門

60. 女

7급 Ⅱ 예상문제 정답

제1회 예상문제 정답

1. 한국 2. 도립 3. 직후 4. 일기 5. 동물 6. 매일 7. 공중 8. 학교 9. 사방 10. 부모 11. 직전 12. 농사 13. 공간 14. 육만 15. 동해 16. 시간 17. 역도 18. 국민 19. 간식 20. 가문 21. 전기 22. 공군 23. 넉/넷사 24. 한나라/중국한 25. 아비부 26. 집실 27. 해년 28. 오른우 29. 배울학 30. 어미모 31. 사이간 32. 나무목 33. 가르칠교 34. 온전전 35. 군사군 36. 빌공 37. 기록할기 38. 서녘서 39. 한국/나라한 40. 바를정 41. 아래하 42. 이름명 43. ③農事 44. ①電力 45. ③話 46. ④白 47. ⑩平 48. ⑧答 49. ⑨室 50. ⑤海 51. ⑦學 52. ①長 53. ②八 54. ⑥方 55. ④右 56. ②後 57. ④萬物 58. ①國民 59. ④번째 60. ①첫번째

제2회 예상문제 정답

1. 문전 2. 시장 3. 안전 4. 효자 5. 평생 6. 강남 7. 형제 8. 교실 9. 실내 10. 간식 11. 활동 12. 후방 13. 구십 14. 매년 15. 가사 16. 장자 17. 전기 18. 교문 19. 만물 20. 좌우 21. 칠십 22. 서산 23. 바깥외 24. 왼좌 25. 날일 26. 모방 27. 작을소 28. 불화 29. 살활 30. 큰대 31. 학교교 32. 기운기 33. 길도 34. 저자시 35. 발족 36. 평평할평 37. 인간세 38. 움직일동 39. 번개전 40. 손수 41. 다섯오 42. 편안안 43. ④車道 44. ③校長 45. ②間 46. ⑥下 47. ⑩火 48. ①右 49. ⑤農 50. ⑦手 51. ⑧校 52. ③安 53. ④西 54. ⑨力 55. ②北 56. ④外 57. ④海水 58. ③韓食 59. ⑤다섯번째 60. ⑧여덟번째

제3회 예상문제 정답

1. 도립 2. 남녀 3. 가사 4. 활력 5. 대문 6. 농사 7. 시장 8. 농가 9. 교실 10. 농장 11. 남해 12. 동물 13. 남자 14. 선후 15. 하산 16. 상공 17. 남녀 18. 공장 19. 남산 20. 오후 21. 식사 22. 한국 23. 움직일동 24. 수레거/차차 25. 아홉구 26. 문문 27. 여섯륙 28. 가운데중 29. 흰백 30. 나라국 31. 장인공 32. 석/셋삼 33. 먼저선 34. 형형 35. 효도효 36. 일만만 37. 푸를청 38. 바다해 39. 일사 40. 긴/어른장 41. 북녘북 42. 번개전 43. ③動物 44. ④市民 45. ③動 46. ①記 47. ④活 48. ②食 49. ⑧先 50. ⑦學 51. ⑥敎 52. ④外 53. ⑨足 54. ⑩車 55. ①北 56. ③水 57. ①生木 58. ④子正 59. ⑩열번째 60. ①첫번째

제4회 예상문제 정답

1. 대가 2. 사촌 3. 시간 4. 전기 5. 삼일 6. 제자 7. 동물 8. 공장 9. 간식 10. 공간 11. 수도 12. 공기 13. 시장 14. 전화 15. 동남 16. 목수 17. 강산 18. 오후 19. 오월 20. 농가 21. 공장 22. 시민 23. 배울학 24. 흙토 25. 가르칠교 26. 남녘남 27. 때시 28. 바다해 29. 성성 30. 어미모 31. 사내남 32. 설립 33. 물수 34. 앞전 35. 동녘동 36. 흰백 37. 뒤후 38. 날생 39. 군사군 40. 매양매 41. 곧을직 42. 대답답 43. ③每日 44. ①午後 45. ④空 46. ③道 47. ①家 48. ②氣 49. ⑤名 50. ⑥西 51. ⑦靑 52. ⑧平 53. ⑨門 54. ⑩場 55. ③足 56. ④月 57. ③空間 58. ①車道 59. ⑥여섯번째 60. ④네번째

제5회 예상문제 정답

1. 강산 2. 대문 3. 실내 4. 국군 5. 활동 6. 시내 7. 전기 8. 국립 9. 전화 10. 연중 11. 형제 12. 국가 13. 자동 14. 팔도 15. 중간 16. 북방 17. 목수 18. 가장 19. 전교 20. 구십 21. 정오 22. 오전 23. 백성민 24. 아우제 25. 힘력 26. 밥식 27. 마디촌 28. 강강 29. 윗상 30. 바를정 31. 쇠금/성김 32. 스스로자 33. 마당장 34. 성성 35. 매양매 36. 대답답 37. 평평할평 38. 일만만 39. 곧을직 40. 앞전 41. 때시 42. 마디촌 43. ②韓國 44. ④兄弟 45. ④孝 46. ⑤物 47. ⑥氣 48. ③中 49. ⑩自 50. ⑨敎 51. ⑧東 52. ⑦男 53. ①前 54. ②答 55. ②下 56. ④北 57. ④正午 58. ③農工 59. ①첫번째 60. ④네번째

제6회 예상문제 정답

1. 공군 2. 상공 3. 시장 4. 서해 5. 명인 6. 전년 7. 식사 8. 형제 9. 한강 10. 시외 11. 생전 12. 만물 13. 안전 14. 농가 15. 청년 16. 한국 17. 왕실 18. 남해 19. 국가 20. 시립 21. 오후 22. 군인 23. 설립 24. 말씀화 25. 백성민 26. 이름명 27. 장인공 28. 길도 29. 아비부 30. 빌공 31. 해년 32. 농사농 33. 매양매 34. 대답답 35. 움직일동 36. 기운기 37. 북녘북 38. 효도효 39. 기록할기 40. 한국한 41. 모방 42. 뒤후 43. ①電話 44. ④活動 45. ⑦江 46. ⑤事 47. ④南 48. ①萬 49. ②民 50. ⑥全 51. ⑧正 52. ⑩國 53. ③動 54. ⑨直 55. ①小 56. ②山 57. ①大道 58. ②自動 59. ⑥여섯번째 60. ⑥여섯번째

제7회 예상문제 정답

1. 농가 2. 학생 3. 동물 4. 세상 5. 공기 6. 기사 7. 식사 8. 제자 9. 가장 10. 농군 11. 전기 12. 후세 13. 전화 14. 동해 15. 화산 16. 중간 17. 공중 18. 공장 19. 오전 20. 평안 21. 정답 22. 시장 23. 배울학 24. 힘력 25. 길도 26. 뒤후 27. 긴장 28. 학교교 29. 집가 30. 사이간 31. 아우제 32. 모방 33. 사내남 34. 수레거/차차 35. 마당장 36. 문문 37. 바를정 38. 쇠금/성김 39. 나라국 40. 바깥외 41. 인간세 42. 푸를청 43. ②時間 44. ③教室 45. ⑩電 46. ②軍 47. ①左 48. ⑥動 49. ③每 50. ④工 51. ⑤先 52. ⑧年 53. ⑦不 54. ⑨韓 55. ④學 56. ②母 57. ④海外58. ①國內 59. ⑨아홉번째 60. ⑦일곱번째

제8회 예상문제 정답

1. 성명 2. 만물 3. 전화 4. 교실 5. 평시 6. 농민 7. 선생 8. 가문 9. 동물 10. 방도 11. 농사 12. 중간 13. 매년 14. 공장 15. 활동 16. 국외 17. 매월 18. 북방 19. 불안 20. 중간 21. 남녀 22. 시장 23. 밥식 24. 번개전 25. 집실 26. 일사 27. 물건물 28. 나라국 29. 가르칠교 30. 대답답 31. 동녘동 32. 농사농 33. 문문 34. 마당장 35. 기운기 36. 움직일동 37. 군사군 38. 학교교 39. 아우제 40. 말씀화 41. 빌공 42. 집가 43. ①家長 44. ②姓名 45. ③農 46. ④空 47. ⑩韓 48. ⑨間 49. ①軍 50. ②場 51. ⑧記 52. ⑤校 53. ⑥電 54. ⑦國 55. ②後 56. ③學 57. ②門前 58. ④上下 59. ⑥여섯번째 60. ⑧여덟번째

제9회 예상문제 정답

1. 생가 2. 기사 3. 교실 4. 학년 5. 세인 6. 활동 7. 실내 8. 모교 9. 전력 10. 만명 11. 공장 12. 정문 13. 농민 14. 오전 15. 기사 16. 선생 17. 공장 18. 남녀 19. 사촌 20. 정답 21. 국군 22. 시장 23. 편안안 24. 움직일동 25. 동녘동 26. 남녘남 27. 오른우 28. 살활 29. 밥식 30. 왼좌 31. 대답답 32. 여덟팔 33. 온전전 34. 집실 35. 발족 36. 가르칠교 37. 서녘서 38. 번개전 39. 흰백 40. 물건물 41. 매양매 42. 손수 43. ①安全 44. ③北韓 45. ⑩道 46. ⑦六 47. ⑧寸 48. ⑨事 49. ⑥記 50. ②姓 51. ③弟 52. ④海 53. ①後 54. ⑤江 55. ①弟 56. ②右 57. ①室內 58. ④自動 59. ②두번째 60. ①첫번째

7급 Ⅱ 기출문제 정답

제1회 기출문제 정답

1. 전력 2. 만물 3. 농토 4. 이월 5. 평민 6. 사촌 7. 동서 8. 공기 9. 시내 10. 시간 11. 안전 12. 교실 13. 자백 14. 외가 15. 하차 16. 군민 17. 식후 18. 한식 19. 상기 20. 학년 21. 교장 22. 동물 23. 대답답 24. 사이간 25. 힘력 26. 일만만 27. 흰백 28. 집실 29. 마당장 30. 어미모 31. 때시 32. 곧을직 33. 기록할기 34. 나라국 35. 농사농 36. 모방 37. 뒤후 38. 강강 39. 한국/나라한 40. 저자시 41. 살활 42. 성성 43. ③事前 44. ②人物 45. ⑩北 46. ⑤九 47. ④三 48. ⑨車 49. ②民 50. ③場 51. ①六 52. ⑥答 53. ⑦工 54. ⑧全 55. ③女 56. ②北 57. ③平年 58. ②六月 59. ④네번째 60. ⑧여덟번째

제2회 기출문제 정답

1. 장내 2. 농장 3. 수기 4. 목수 5. 효녀 6. 불안 7. 공간 8. 농사 9. 화력 10. 안전 11. 명산 12. 청년 13. 국가 14. 세상 15. 만일 16. 동물 17. 사방 18. 오후 19. 교장 20. 공기 21. 자백 22. 부모 23. 아우제 24. 곧을직 25. 앞전 26. 집가 27. 오른우 28. 매양매 29. 기록할기 30. 길도 31. 남녘남 32. 강강 33. 이름명 34. 배울학 35. 대답답 36. 낮오 37. 스스로자 38. 긴장 39. 사내남 40. 집실 41. 동녘동 42. 임금왕 43. ④左右 44. ③大事 45. ④家 46. ⑩答 47. ⑥土 48. ②十 49. ⑦活 50. ①母 51. ③男 52. ⑧門 53. ⑤外 54. ⑨足 55. ③內 56. ①手 57. ②東門 58. ④韓食 59. ⑤다섯번째 60. ⑧여덟번째

제3회 기출문제 정답

1. 평일 2. 교실 3. 서해 4. 수군 5. 세상 6. 평생 7. 생수 8. 공사 9. 인도 10. 일기 11. 공기 12. 후세 13. 성명 14. 좌우 15. 정직 16. 교외 17. 선금 18. 한강 19. 농사 20. 불안 21. 명가 22. 전기 23. 기운기 24. 배울학 25. 마당장 26. 사이간 27. 곧을직 28. 번개전 29. 군사군 30. 대답답 31. 인간세 32. 손수 33. 성성 34. 형형 35. 물건물 36. 이름명 37. 가르칠교 38. 동녘동 39. 빌공 40. 푸를청 41. 움직일동 42. 설립 43. ④직립 44. ②時間 45. ⑦南 46. ⑤間 47. ④王 48. ⑩方 49. ⑧孝 50. ③六 51. ①話 52. ⑨場 53. ⑥土 54. ②韓 55. ③下 56. ①右 57. ②日月 58. ③左右 59. ④네번째 60. ⑤다섯번째

제4회 기출문제 정답

1. 시간 2. 매일 3. 선생 4. 활동 5. 수화 6. 시립 7. 강산 8. 전력 9. 동물 10. 전화 11. 학교 12. 농민 13. 형제 14. 국모 15. 매년 16. 불효 17. 생활 18. 직전 19. 전력 20. 군인 21. 동서 22. 시내 23. 번개전 24. 말씀화 25. 임금왕 26. 흰백 27. 사내남 28. 온전전 29. 군사군 30. 기록할기 31. 긴장 32. 푸를청 33. 뒤후 34. 먼저선 35. 학교교 36. 수레거/차차 37. 마당장 38. 매양매 39. 아닐불 40. 가르칠교 41. 어미모 42. 사이간 43. ②教室 44. ③萬物 45. ⑥答 46. ⑦十 47. ⑨江 48. ⑩上 49. ④話 50. ⑤兄 51. ①直 52. ⑧九 53. ③姓 54. ②弟 55. ②大 56. ①男 57. ④靑山 58. ③大道 59. ④네번째 60. ⑧여덟번째

제5회 기출문제 정답

1. 일기 2. 안전 3. 대문 4. 학교 5. 청년 6. 전방 7. 자백 8. 명가 9. 장녀 10. 공사 11. 선생 12. 직전 13. 공군 14. 인기 15. 좌우 16. 생활 17. 농토 18. 정오 19. 외가 20. 성명 21. 형제 22. 매일 23. 농사농 24. 바다해 25. 수레거/차차 26. 일사 27. 곧을직 28. 아래하 29. 편안안 30. 계집녀 31. 집실 32. 움직일동 33. 성성 34. 번개전 35. 어미모 36. 왼좌 37. 오른우 38. 먼저선 39. 밥식 40. 여섯륙 41. 서녘서 42. 흰백 43. ③道場 44. ②海軍 45. ⑧不 46. ⑩金 47. ⑥수레거/차차 48. ⑨先 49. ①十 50. ③電 51. ②答 52. ⑦韓 53. ④右 54. ⑤西 55. ①子 56. ②外 57. ②正午 58. ③生食 59. ⑤다섯번째 60. ⑨아홉번째

제6회 기출문제 정답

1. 민가 2. 학생 3. 정답 4. 오만 5. 시민 6. 활동 7. 강산 8. 오후 9. 교실 10. 북서 11. 화산 12. 전력 13. 식사 14. 형제 15. 삼촌 16. 성명 17. 한식 18. 효녀 19. 부족 20. 부녀 21. 매년 22. 대학 23. 동녘동 24. 매양매 25. 설립 26. 안내 27. 긴장 28. 바깥외 29. 백성민 30. 군사군 31. 일만만 32. 메산 33. 넉사 34. 흰백 35. 어미모 36. 집실 37. 마디촌 38. 서녘서 39. 모방 40. 밥식 41. 평평할평 42. 발족 43. ④江水 44. ③正答 45. ⑨小 46. ⑧家 47. ⑩王 48. ⑤物 49. ④外 50. ③方 51. ②年 52. ①農 53. ⑥金 54. ⑦男 55. ①手 56. ④內 57. ②空門 58. ③中立 59. ②두번째 60. ⑥여섯번째

제7회 기출문제 정답

1. 명문 2. 목공 3. 삼촌 4. 활동 5. 국립 6. 목수 7. 국왕 8. 안전 9. 강토 10. 한강 11. 정답 12. 정문 13. 공장 14. 효도 15. 인간 16. 일기 17. 전화 18. 대학 19. 식전 20. 자력 21. 부자 22. 매사 23. 푸를청 24. 북녘북 25. 쇠금/성김 26. 모방 27. 성성 28. 여덟팔 29. 바다해 30. 일사 31. 편안안 32. 먼저선 33. 불화 34. 기록할기 35. 백성민 36. 번개전 37. 기운기 38. 오른우 39. 왼좌 40. 긴장 41. 저자시 42. 말씀화 43. ②兄弟 44. ④南北 45. ⑦西 46. ⑥間 47. ④四 48. ⑤三 49. ⑨下 50. ⑧室 51. ①萬 52. ⑩市 53. ②九 54. ③每 55. ①弟 56. ②大 57. ④室內 58. ②電動 59. ⑥여섯번째 60. ⑤다섯번째

제8회 기출문제 정답

1. 시장 2. 간식 3. 매일 4. 효자 5. 가장 6. 성 7. 화력 8. 남북 9. 동물 10. 정문 11. 만일 12. 세상 13. 실내 14. 농민 15. 사후 16. 직립 17. 청년 18. 전군 19. 평안 20. 명답 21. 전기 22. 하교 23. 여덟팔 24. 아비부 25. 스스로자 26. 날생 27. 모방 28. 물수 29. 마디촌 30. 말씀화 31. 살활 32. 오른우 33. 다섯오 34. 길도 35. 바다해 36. 나무목 37. 바깥외 38. 가운데중 39. 때시 40. 왼좌 41. 아홉구 42. 쇠금/성김 43. ②兄弟 44. ④不足 45. ②月 46. ⑦人 47. ⑤先 48. ④東 49. ①記 50. ③四 51. ⑩土 52. ⑧韓 53. ⑨江 54. ⑥王 55. ②學 56. ③大 57. ①母女 58. ③午前 59. ⑦일곱번 60. 째⑥여섯번째

제9회 기출문제 정답

1. 식수 2. 하차 3. 공군 4. 좌우 5. 실내 6. 농토 7. 중간 8. 칠월 9. 강산 10. 교시 11. 일기 12. 안전 13. 생활 14. 시민 15. 매년 16. 대기 17. 목수 18. 부족 19. 전화 20. 오후 21. 사십 22. 공장 23. 곧을직 24. 다섯오 25. 먼저선 26. 바를정 27. 성성 28. 움직일동 29. 이름명 30. 집가 31. 효도효 32. 힘력 33. 가르칠교 34. 긴장 35. 대답답 36. 바다해 37. 배울학 38. 아비부 39. 윗상 40. 작을소 41. 푸를청 42. 흰백 43. ③事前 44. ①人物 45. ①火 46. ⑥金 47. ⑩平 48. ⑦東 49. ⑧六 50. ②九 51. ③萬 52. ④八 53. ⑨外 54. ⑤男 55. ②兄 56. ③南 57. ④方道 58. ①自立 59. ⑧여덟번째 60. ③세번째

수험번호 □□□-□□-□□□□□ 성 명 □□□□□

주민등록번호 □□□□□□-□□□□□□□ ※ 유성펜, 연필, 붉은 색 필기구 사용 불가.

※ 답안지는 컴퓨터로 처리되므로 구기거나 더럽히지 마시고, 정답 칸 안에만 쓰십시오. 글씨가 채점란으로 들어오면 오답처리가 됩니다.

제 회 전국한자능력검정시험 7급II 답안지(1) (시험시간 50분)

답안란		채점란		답안란		채점란	
번호	정답	1검	2검	번호	정답	1검	2검
1				14			
2				15			
3				16			
4				17			
5				18			
6				19			
7				20			
8				21			
9				22			
10				23			
11				24			
12				25			
13				26			

감독위원	채점위원 (1)		채점위원 (2)		채점위원 (3)	
(서명)	(득점)	(서명)	(득점)	(서명)	(득점)	(서명)

※ 뒷면으로 이어짐

사단법인 한국어문회·한국한자능력검정회

※ 답안지는 컴퓨터로 처리되므로 구기거나 더럽히지 마시고, 정답 칸 안에만 쓰십시오. 글씨가 채점란으로 들어오면 오답처리가 됩니다.

제 회 전국한자능력검정시험 7급Ⅱ 답안지(2)

답안란		채점란		답안란		채점란	
번호	정답	1검	2검	번호	정답	1검	2검
27				44			
28				45			
29				46			
30				47			
31				48			
32				49			
33				50			
34				51			
35				52			
36				53			
37				54			
38				55			
39				56			
40				57			
41				58			
42				59			
43				60			

사단법인 한국어문회·한국한자능력검정회

수험번호 □□□-□□-□□□□ 성 명 □□□□□

주민등록번호 □□□□□□-□□□□□□□ ※ 유성펜, 연필, 붉은 색 필기구 사용 불가.

※ 답안지는 컴퓨터로 처리되므로 구기거나 더럽히지 마시고, 정답 칸 안에만 쓰십시오. 글씨가 채점란으로 들어오면 오답처리가 됩니다.

제 회 전국한자능력검정시험 7급Ⅱ 답안지(1) (시험시간 50분)

답안란		채점란		답안란		채점란	
번호	정답	1검	2검	번호	정답	1검	2검
1				14			
2				15			
3				16			
4				17			
5				18			
6				19			
7				20			
8				21			
9				22			
10				23			
11				24			
12				25			
13				26			

감독위원	채점위원 (1)		채점위원 (2)		채점위원 (3)	
(서명)	(득점)	(서명)	(득점)	(서명)	(득점)	(서명)

※ 뒷면으로 이어짐

사단법인 한국어문회·한국한자능력검정회

※ 답안지는 컴퓨터로 처리되므로 구기거나 더럽히지 마시고, 정답 칸 안에만 쓰십시오. 글씨가 채점란으로 들어오면 오답처리가 됩니다.

제 회 전국한자능력검정시험 7급II 답안지(2)

답안란		채점란		답안란		채점란	
번호	정답	1검	2검	번호	정답	1검	2검
27				44			
28				45			
29				46			
30				47			
31				48			
32				49			
33				50			
34				51			
35				52			
36				53			
37				54			
38				55			
39				56			
40				57			
41				58			
42				59			
43				60			

사단법인 한국어문회·한국한자능력검정회

수험번호 □□□-□□-□□□□ 성 명 □□□□□

주민등록번호 □□□□□□-□□□□□□□ ※ 유성펜, 연필, 붉은 색 필기구 사용 불가.

※ 답안지는 컴퓨터로 처리되므로 구기거나 더럽히지 마시고, 정답 칸 안에만 쓰십시오. 글씨가 채점란으로 들어오면 오답처리가 됩니다.

제 회 전국한자능력검정시험 7급II 답안지(1) (시험시간 50분)

답안란		채점란		답안란		채점란	
번호	정답	1검	2검	번호	정답	1검	2검
1				14			
2				15			
3				16			
4				17			
5				18			
6				19			
7				20			
8				21			
9				22			
10				23			
11				24			
12				25			
13				26			

감독위원	채점위원 (1)		채점위원 (2)		채점위원 (3)	
(서명)	(득점)	(서명)	(득점)	(서명)	(득점)	(서명)

※ 뒷면으로 이어짐

사단법인 한국어문회·한국한자능력검정회

※ 답안지는 컴퓨터로 처리되므로 구기거나 더럽히지 마시고, 정답 칸 안에만 쓰십시오. 글씨가 채점란으로 들어오면 오답처리가 됩니다.

제 회 전국한자능력검정시험 7급Ⅱ 답안지(2)

답안란		채점란		답안란		채점란	
번호	정답	1검	2검	번호	정답	1검	2검
27				44			
28				45			
29				46			
30				47			
31				48			
32				49			
33				50			
34				51			
35				52			
36				53			
37				54			
38				55			
39				56			
40				57			
41				58			
42				59			
43				60			

사단법인 한국어문회·한국한자능력검정회

수험번호 □□□-□□-□□□□□ 성 명 □□□□□

주민등록번호 □□□□□□-□□□□□□□ ※ 유성펜, 연필, 붉은 색 필기구 사용 불가.

※ 답안지는 컴퓨터로 처리되므로 구기거나 더럽히지 마시고, 정답 칸 안에만 쓰십시오. 글씨가 채점란으로 들어오면 오답처리가 됩니다.

제 회 전국한자능력검정시험 7급II 답안지(1) (시험시간 50분)

답안란		채점란		답안란		채점란	
번호	정답	1검	2검	번호	정답	1검	2검
1				14			
2				15			
3				16			
4				17			
5				18			
6				19			
7				20			
8				21			
9				22			
10				23			
11				24			
12				25			
13				26			

감독위원	채점위원 (1)		채점위원 (2)		채점위원 (3)	
(서명)	(득점)	(서명)	(득점)	(서명)	(득점)	(서명)

※ 뒷면으로 이어짐

사단법인 한국어문회·한국한자능력검정회

※ 답안지는 컴퓨터로 처리되므로 구기거나 더럽히지 마시고, 정답 칸 안에만 쓰십시오. 글씨가 채점란으로 들어오면 오답처리가 됩니다.

제 회 전국한자능력검정시험 7급Ⅱ 답안지(2)

답안란		채점란		답안란		채점란	
번호	정답	1검	2검	번호	정답	1검	2검
27				44			
28				45			
29				46			
30				47			
31				48			
32				49			
33				50			
34				51			
35				52			
36				53			
37				54			
38				55			
39				56			
40				57			
41				58			
42				59			
43				60			

사단법인 한국어문회·한국한자능력검정회

수험번호 □□□ - □□ - □□□□ 성 명 □□□□□

주민등록번호 □□□□□□ - □□□□□□□ ※ 유성펜, 연필, 붉은 색 필기구 사용 불가.

※ 답안지는 컴퓨터로 처리되므로 구기거나 더럽히지 마시고, 정답 칸 안에만 쓰십시오. 글씨가 채점란으로 들어오면 오답처리가 됩니다.

제 회 전국한자능력검정시험 7급Ⅱ 답안지(1) (시험시간 50분)

답 안 란		채점란		답 안 란		채점란	
번호	정 답	1검	2검	번호	정 답	1검	2검
1				14			
2				15			
3				16			
4				17			
5				18			
6				19			
7				20			
8				21			
9				22			
10				23			
11				24			
12				25			
13				26			

감독위원	채점위원 (1)		채점위원 (2)		채점위원 (3)	
(서명)	(득점)	(서명)	(득점)	(서명)	(득점)	(서명)

※ 뒷면으로 이어짐

사단법인 한국어문회·한국한자능력검정회

※ 답안지는 컴퓨터로 처리되므로 구기거나 더럽히지 마시고, 정답 칸 안에만 쓰십시오. 글씨가 채점란으로 들어오면 오답처리가 됩니다.

제　회 전국한자능력검정시험 7급II 답안지(2)

답 안 란		채점란		답 안 란		채점란	
번호	정 답	1검	2검	번호	정 답	1검	2검
27				44			
28				45			
29				46			
30				47			
31				48			
32				49			
33				50			
34				51			
35				52			
36				53			
37				54			
38				55			
39				56			
40				57			
41				58			
42				59			
43				60			

사단법인 한국어문회·한국한자능력검정회

수험번호 □□□-□□-□□□□□ 성 명 □□□□□

주민등록번호 □□□□□□-□□□□□□□ ※ 유성펜, 연필, 붉은색 필기구 사용 불가.

※ 답안지는 컴퓨터로 처리되므로 구기거나 더럽히지 마시고, 정답 칸 안에만 쓰십시오. 글씨가 채점란으로 들어오면 오답처리가 됩니다.

제 회 전국한자능력검정시험 7급Ⅱ 답안지(1) (시험시간 50분)

답 안 란		채점란		답 안 란		채점란	
번호	정 답	1검	2검	번호	정 답	1검	2검
1				14			
2				15			
3				16			
4				17			
5				18			
6				19			
7				20			
8				21			
9				22			
10				23			
11				24			
12				25			
13				26			

감독위원	채점위원 (1)		채점위원 (2)		채점위원 (3)	
(서명)	(득점)	(서명)	(득점)	(서명)	(득점)	(서명)

※ 뒷면으로 이어짐

사단법인 한국어문회·한국한자능력검정회

※ 답안지는 컴퓨터로 처리되므로 구기거나 더럽히지 마시고, 정답 칸 안에만 쓰십시오. 글씨가 채점란으로 들어오면 오답처리가 됩니다.

제 회 전국한자능력검정시험 7급Ⅱ 답안지(2)

답안란		채점란		답안란		채점란	
번호	정 답	1검	2검	번호	정 답	1검	2검
27				44			
28				45			
29				46			
30				47			
31				48			
32				49			
33				50			
34				51			
35				52			
36				53			
37				54			
38				55			
39				56			
40				57			
41				58			
42				59			
43				60			

수험번호 □□□-□□-□□□□　　성 명 □□□□□

주민등록번호 □□□□□□-□□□□□□□　　※ 유성펜, 연필, 붉은 색 필기구 사용 불가.

※ 답안지는 컴퓨터로 처리되므로 구기거나 더럽히지 마시고, 정답 칸 안에만 쓰십시오. 글씨가 채점란으로 들어오면 오답처리가 됩니다.

제 회 전국한자능력검정시험 7급Ⅱ 답안지(1) (시험시간 50분)

답 안 란		채점란		답 안 란		채점란	
번호	정 답	1검	2검	번호	정 답	1검	2검
1				14			
2				15			
3				16			
4				17			
5				18			
6				19			
7				20			
8				21			
9				22			
10				23			
11				24			
12				25			
13				26			

감 독 위 원	채 점 위 원 (1)		채 점 위 원 (2)		채 점 위 원 (3)	
(서명)	(득점)	(서명)	(득점)	(서명)	(득점)	(서명)

※ 뒷면으로 이어짐

사단법인 한국어문회·한국한자능력검정회

※ 답안지는 컴퓨터로 처리되므로 구기거나 더럽히지 마시고, 정답 칸 안에만 쓰십시오. 글씨가 채점란으로 들어오면 오답처리가 됩니다.

제　회 전국한자능력검정시험 7급Ⅱ 답안지(2)

답 안 란		채점란		답 안 란		채점란	
번호	정　답	1검	2검	번호	정　답	1검	2검
27				44			
28				45			
29				46			
30				47			
31				48			
32				49			
33				50			
34				51			
35				52			
36				53			
37				54			
38				55			
39				56			
40				57			
41				58			
42				59			
43				60			

사단법인 한국어문회·한국한자능력검정회

수험번호 □□□-□□-□□□□□ 성 명 □□□□□

주민등록번호 □□□□□□-□□□□□□□ ※ 유성펜, 연필, 붉은 색 필기구 사용 불가.

※ 답안지는 컴퓨터로 처리되므로 구기거나 더럽히지 마시고, 정답 칸 안에만 쓰십시오. 글씨가 채점란으로 들어오면 오답처리가 됩니다.

제 회 전국한자능력검정시험 7급Ⅱ 답안지(1) (시험시간 50분)

답안란		채점란		답안란		채점란	
번호	정답	1검	2검	번호	정답	1검	2검
1				14			
2				15			
3				16			
4				17			
5				18			
6				19			
7				20			
8				21			
9				22			
10				23			
11				24			
12				25			
13				26			

감독위원	채점위원 (1)		채점위원 (2)		채점위원 (3)	
(서명)	(득점)	(서명)	(득점)	(서명)	(득점)	(서명)

※ 뒷면으로 이어짐

사단법인 한국어문회·한국한자능력검정회

※ 답안지는 컴퓨터로 처리되므로 구기거나 더럽히지 마시고, 정답 칸 안에만 쓰십시오. 글씨가 채점란으로 들어오면 오답처리가 됩니다.

제 회 전국한자능력검정시험 7급Ⅱ 답안지(2)

답안란		채점란		답안란		채점란	
번호	정답	1검	2검	번호	정답	1검	2검
27				44			
28				45			
29				46			
30				47			
31				48			
32				49			
33				50			
34				51			
35				52			
36				53			
37				54			
38				55			
39				56			
40				57			
41				58			
42				59			
43				60			

수험번호 □□□-□□-□□□□ 성 명 □□□□□

주민등록번호 □□□□□□-□□□□□□□ ※ 유성펜, 연필, 붉은색 필기구 사용 불가.

※ 답안지는 컴퓨터로 처리되므로 구기거나 더럽히지 마시고, 정답 칸 안에만 쓰십시오. 글씨가 채점란으로 들어오면 오답처리가 됩니다.

제 회 전국한자능력검정시험 7급Ⅱ 답안지(1) (시험시간 50분)

답안란		채점란		답안란		채점란	
번호	정 답	1검	2검	번호	정 답	1검	2검
1				14			
2				15			
3				16			
4				17			
5				18			
6				19			
7				20			
8				21			
9				22			
10				23			
11				24			
12				25			
13				26			

감독위원	채점위원 (1)		채점위원 (2)		채점위원 (3)	
(서명)	(득점)	(서명)	(득점)	(서명)	(득점)	(서명)

※ 뒷면으로 이어짐

사단법인 한국어문회·한국한자능력검정회

※ 답안지는 컴퓨터로 처리되므로 구기거나 더럽히지 마시고, 정답 칸 안에만 쓰십시오. 글씨가 채점란으로 들어오면 오답처리가 됩니다.

제 회 전국한자능력검정시험 7급Ⅱ 답안지(2)

답안란		채점란		답안란		채점란	
번호	정답	1검	2검	번호	정답	1검	2검
27				44			
28				45			
29				46			
30				47			
31				48			
32				49			
33				50			
34				51			
35				52			
36				53			
37				54			
38				55			
39				56			
40				57			
41				58			
42				59			
43				60			

수험번호 □□□ - □□ - □□□□ 성 명 □□□□□

주민등록번호 □□□□□□ - □□□□□□□ ※ 유성펜, 연필, 붉은 색 필기구 사용 불가.

※ 답안지는 컴퓨터로 처리되므로 구기거나 더럽히지 마시고, 정답 칸 안에만 쓰십시오. 글씨가 채점란으로 들어오면 오답처리가 됩니다.

제 회 전국한자능력검정시험 7급Ⅱ 답안지(1) (시험시간 50분)

답 안 란		채점란		답 안 란		채점란	
번호	정 답	1검	2검	번호	정 답	1검	2검
1				14			
2				15			
3				16			
4				17			
5				18			
6				19			
7				20			
8				21			
9				22			
10				23			
11				24			
12				25			
13				26			

감독위원	채점위원 (1)		채점위원 (2)		채점위원 (3)	
(서명)	(득점)	(서명)	(득점)	(서명)	(득점)	(서명)

※ 뒷면으로 이어짐

사단법인 한국어문회·한국한자능력검정회

※ 답안지는 컴퓨터로 처리되므로 구기거나 더럽히지 마시고, 정답 칸 안에만 쓰십시오. 글씨가 채점란으로 들어오면 오답처리가 됩니다.

제 회 전국한자능력검정시험 7급Ⅱ 답안지(2)

답 안 란		채점란		답 안 란		채점란	
번호	정 답	1검	2검	번호	정 답	1검	2검
27				44			
28				45			
29				46			
30				47			
31				48			
32				49			
33				50			
34				51			
35				52			
36				53			
37				54			
38				55			
39				56			
40				57			
41				58			
42				59			
43				60			

사단법인 한국어문회·한국한자능력검정회

수험번호 □□□-□□-□□□□ 성 명 □□□□□

주민등록번호 □□□□□□-□□□□□□□ ※ 유성펜, 연필, 붉은 색 필기구 사용 불가.

※ 답안지는 컴퓨터로 처리되므로 구기거나 더럽히지 마시고, 정답 칸 안에만 쓰십시오. 글씨가 채점란으로 들어오면 오답처리가 됩니다.

제 회 전국한자능력검정시험 7급Ⅱ 답안지(1) (시험시간 50분)

답 안 란		채점란		답 안 란		채점란	
번호	정 답	1검	2검	번호	정 답	1검	2검
1				14			
2				15			
3				16			
4				17			
5				18			
6				19			
7				20			
8				21			
9				22			
10				23			
11				24			
12				25			
13				26			

감독위원	채점위원 (1)		채점위원 (2)		채점위원 (3)	
(서명)	(득점)	(서명)	(득점)	(서명)	(득점)	(서명)

※ 뒷면으로 이어짐

사단법인 한국어문회·한국한자능력검정회

※ 답안지는 컴퓨터로 처리되므로 구기거나 더럽히지 마시고, 정답 칸 안에만 쓰십시오. 글씨가 채점란으로 들어오면 오답처리가 됩니다.

제　회 전국한자능력검정시험 7급Ⅱ 답안지(2)

답안란		채점란		답안란		채점란	
번호	정답	1검	2검	번호	정답	1검	2검
27				44			
28				45			
29				46			
30				47			
31				48			
32				49			
33				50			
34				51			
35				52			
36				53			
37				54			
38				55			
39				56			
40				57			
41				58			
42				59			
43				60			

수험번호 □□□-□□-□□□□□ 성 명 □□□□□

주민등록번호 □□□□□□-□□□□□□□ ※ 유성펜, 연필, 붉은 색 필기구 사용 불가.

※ 답안지는 컴퓨터로 처리되므로 구기거나 더럽히지 마시고, 정답 칸 안에만 쓰십시오. 글씨가 채점란으로 들어오면 오답처리가 됩니다.

제 회 전국한자능력검정시험 7급Ⅱ 답안지(1) (시험시간 50분)

답안란		채점란		답안란		채점란	
번호	정 답	1검	2검	번호	정 답	1검	2검
1				14			
2				15			
3				16			
4				17			
5				18			
6				19			
7				20			
8				21			
9				22			
10				23			
11				24			
12				25			
13				26			

감독위원	채점위원 (1)		채점위원 (2)		채점위원 (3)	
(서명)	(득점)	(서명)	(득점)	(서명)	(득점)	(서명)

※ 뒷면으로 이어짐

사단법인 한국어문회·한국한자능력검정회

※ 답안지는 컴퓨터로 처리되므로 구기거나 더럽히지 마시고, 정답 칸 안에만 쓰십시오. 글씨가 채점란으로 들어오면 오답처리가 됩니다.

제　회 전국한자능력검정시험 7급Ⅱ 답안지(2)

답 안 란		채점란		답 안 란		채점란	
번호	정 답	1검	2검	번호	정 답	1검	2검
27				44			
28				45			
29				46			
30				47			
31				48			
32				49			
33				50			
34				51			
35				52			
36				53			
37				54			
38				55			
39				56			
40				57			
41				58			
42				59			
43				60			

한자능력 검정시험

특허 : **제10-0636034호**
발명의명칭 : **한자학습교재**
발명특허권자 : **백 상 빈**

2021년 9월 25일 초판 발행
2022년 1월 1일 1판 발행

엮은이 백상빈 · 김금초
발행인 백상빈

주소 | 서울특별시 영등포구 도림동 283-5
전화 | (02) 843-1246
등록 | 제 05-04-0211

도서출판 **능 률 원**

정가 13,000원